Herejes, ateos y malpensados

recopilación y selección
RIUS

grijalbo

HEREJES, ATEOS Y MALPENSADOS
Lista incompleta de los que se han atrevido a no creer

© 2002, Eduardo del Río (Rius)

D. R. © 2002 por EDITORIAL GRIJALBO, S.A. de C.V.
   (Grijalbo Mondadori)
   Av. Homero núm. 544,
   Col. Chapultepec Morales, C.P. 11570
   Miguel Hidalgo, México, D.F.

www.grijalbo.com.mx

ISBN 970-05-1475-7

IMPRESO EN MÉXICO

Este libro tiene un padre pequeñito que se llamó originalmente *Libre pensamientos afines (de siglo)* y fue editado por Grijalbo en 1999 en tamaño de mini-bolsillo, lo que facilitó bastante que la gente se lo llevara sin pagarlo. Esperamos al menos que los que no lo pagaron se hayan convertido al ateísmo, o de perdida al cristianismo...

Retirado pues del mercado, Grijalbo me pidió hacerlo en tamaño normal, añadiéndole a las 60 frases que contenía el mini-libro, algunas otras frases o testimonios, aforismos, chistes, etcétera, sobre Dios o las religiones.

El trabajo de conseguir profesiones de no-fe, resultó arduo pero muy interesante, al descubrir en el proceso de investigación más de MIL ateos, descreídos, herejes o anticlericales, hombres y mujeres, antiguos y modernos, muchos de ellos insospechables de serlo. Una de las más agradables sorpresas fue el descubrir que uno de mis más admirados escritores, mister Mark Twain, resultó ser un ateo de tiempo completo y autor de varios libros declaradamente ateos y ferozmente anticlericales, cosa que la mayoría de los norteameriyanquis ignoran. ¡El autor de Tom Sawyer ateo !

Muchísimos ateos como Mark Twain, no pudieron o no quisieron declararse irreligiosos, aunque todo mundo sabe que lo fueron. Otros conocidos enemigos de la religión, escritores sobre todo, deben tener en sus libros alguna frase o testimonio, pero resulta un tanto difícil -para mí- localizarlas tras una titánica búsqueda entre los cientos de libros que tengo.

Y tenemos el caso de los artistas de cine, teatro o televisión, a los que se les exige bajo contrato NO manifestar públicamente sus creencias, cosa que muchos otros hacen aun cuando no tengan contrato: es muy cómodo y conveniente que la sociedad los tenga por fervorosos creyentes y no arriesgar su carrera y sus relaciones sociales declarándose ateos. Ya se sabe que la hipocresía es una de las virtudes más apreciadas por las sociedades "libres y cristianas" del mundo occidental.

Confieso que para mí fue tremendamente satisfactorio encontrar que los grandes pensadores y científicos que ha dado la Humanidad han sido ateos y librepensadores. Comprobar que gente de la talla de Freud, Darwin, Carl Sagan, Isaac Asimov, Stephan Hawkins, Marx no se diga, Albert Einstein, Fellini, Descartes, Benjamin Franklin, Abraham Lincoln, Aristóteles o Napoleón Bonaparte, fueron ateos, resulta una satisfacción enorme. Y aparte del gusto, aceptar que en esta religión del Ateísmo está uno bien acompañado...

Bienvenido pues el lector de mente abierta al casi desconocido mundo del pensamiento libre y descreído. Descubra cómo la gente que más admira ha vivido sin necesidad de iglesias ni curas. Se va a llevar increíbles sorpresas que, espero, lo hagan pensar un poco más de lo que pueda hacerlo la televisión enajenante y otros medios. No tenga miedo de pensar: no duele, pero sí lo va hacerse sentir un poquito más libre.

Tenga fe pero en su pensamiento.

Atenta y cordialmente: *MM* EL RECOPILADOR. 5

¿ PARA QUÉ DAR NOMBRES SI YA LOS SABE DIOS ?

Carlos Monsiváis

●●

HACHFELD

Hachfeld / Alemania

Resulta prácticamente imposible, y casi resultaría milagroso, abarcar en este libro a TODOS los hombres y mujeres que han sido o son ateos, librepensadores, descreídos, herejes o simplemente anticlericales o irreligiosos. La lista -que siempre sería incompleta- requeriría de varios cientos de páginas y de un trabajo titánico de investigación.

Pienso, sin embargo, que los casi 900 testimonios o aforismos aquí incluidos, representan gloriosamente a los seres humanos que han optado por hacer uso de la razón y olvidarse de la fe, en muchas ocasiones en detrimento de su vida o exponiéndose a persecuciones y molestias. Pensar no es cómodo: la comodidad está en decirse creyente.

....

El autor hace constar que todos los dibujantes y caricaturistas que ilustran este libro, NO practican ninguna religión. Doy fe: rius.

....

6

●●●

Un chiste :
Dios quería salir de vacaciones y le pidió a San Pedro le aconsejara.
-¿Por qué no se va a Júpiter, Señor ?
-No, hay demasiada gravedad y me mareo...
-¿ Qué tal Mercurio ?
-No, es muy caliente, demasiado caliente.
-¿ Y la Tierra ?
-No,no,no. Recuerda que estuve allá hace 2000 años, que tuve una aven-
tura con una mujer judía. ¿Te acuerdas ? ¡Pues todavía están hablando
de eso, esos chismosos !
....

Los misioneros dedicaron mucho tiempo a cristianizar a los salvajes, co-
mo si los salvajes no fueran ya bastante peligrosos.
EDWARD ABBEY (1852-1911) pintor USA
....
No te prives de entrar a la iglesia porque esté llena de hipócritas; siem-
pre hay sitio para uno más.
A.R.ADAMS
....
Si el ateismo es una religión, entonces la salud es una enfermedad.
CLARK ADAMS
....
La razón por la cual tantas sectas operan en los aeropuertos buscando
adeptos, es que están llenos de perplejos viajeros dispuestos a aceptar
cualquier clase de guía que les ofrezcan.

Rehuso probar que existo –dice Dios– pues las pruebas niegan la fe. Y sin
fe no soy nada.
DOUGLAS ADAMS (1952-2001) humorista USA

Todos vivimos bajo el mismo cielo, pero no todos tenemos el mismo horizonte. **KONRAD ADENAUER (1876-1967) canciller Alemán (RFA)**

Dios es sólo una proyección psicológica en la mente humana. **ALFRED ADLER (1870-1937) psiquiatra Austríaco**

El ocultismo es la metafísica de los imbéciles. **THEODORO W. ADORNO / filósofo**

En el mundo hay dos clases de gente; los hombres inteligentes sin religión y los hombres religiosos sin inteligencia. **ABDUL-ALA-AL-MA'ARRI (973- 1057) poeta Sirio.**

El poder tiende a corromper, y el poder absoluto corrompe absolutamente. Esta regla inalterable se aplica por igual a Dios y los hombres. **LORD ACTON John E. Edward Dalberg (1834-1902) historiador inglés**

¡ Jamás había conocido a alguien tan corrupto, tan perverso y con una mente tan enferma ! ¿Cómo es que no hiciste carrera en la Iglesia ? **BLACK ADDER**

Los perros creen que son humanos; los gatos creen que son Dios. **ANÓNIMO**

ARES

La verdad que hace libres a los hombres, es la verdad que los hombres prefieren no oír. **HERBERT AGAR / escritor USA**

Si yo hubiera estado presente en el momento de la Creación del mundo, hubiera propuesto algunas mejoras. **ALFONSO X EL SABIO (1226-1284) rey Español**

Los hombres sensibles no creen en milagros; han sido inventados por los curas para tomarles el pelo a los pobres campesinos. **REY ALFONSO / rey Africano del siglo XVII**

Ares / Cuba

Mi idea de Dios está más cerca del taoísmo y del zen. Estas tradiciones desantropormofizan mucho la idea de Dios. La mía no es ni remotamente una visión muy ortodoxa. No tiene nada que ver con la definición de la religión católica, ni mucho menos.

———–

Yo crecí dentro del catolicismo, como medio mundo, pero después, durante la secundaria, de plano renegué de todas las cosas religiosas porque estaba en una escuela católica nefastísima, donde nos daban religión a todas horas y era como un vehículo represivo. Desde segundo año de secundaria decía "Dios no existe", y ya en la prepa me mandé hacer las únicas tarjetas de presentación que he tenido en mi vida, y decían *José Agustín,* y abajo, como profesión "Ateo".

—————

Claro que creo en la inspiración, es de poca madre. Pero más bien de dentro hacia fuera. Pues no sé si sea Dios o quién chingados sea...Yo sí creo que hay algo superior, mucho más fuerte que tú, que te escoge y que, en momentos felices de tu vida, se expresa a través de ti...

———–

Mi idea de Dios, entonces, es más complicada, porque ya no es el Dios de la Iglesia, el ser todopoderoso creador de todas las cosas, sino que es algo más sutil, una fuerza que existe en todo y que convierte el caos en cosmos...No es un ser antropomorfizable ni requiere de iglesias ni representantes.

JOSÉ AGUSTÍN (1944-) escritor mexicano

Dios es un producto de la imaginación infantil, necesario cuando los hombres no comprendían lo que eran los rayos y relámpagos.
*

EDWARD AUBALT
Escritor de cine

Se requiere que un Ateo conciente haga esta práctica para iluminarse :
Que salga solo un Viernes y disfrute sabrosamente un Hot-dog. Este rito devocional es para protestar contra los Paganismos religiosos que aún persisten: el de la Cristiandad (no comer carne los viernes), el de los Judíos (no comer carne de puerco), el del Hinduísmo (no comer carne de res), el del Budismo (no comer carne de ningún animal) y el de los que no comen Pan industrializado. 9
*

ALTAN es el monero italiano creador de TRINO, personaje de historieta que representa a Dios, con un humor extraordinario.

Yo estoy consciente de que no soy cristiano, salvo que me bautizaron sin consultarme. Y en cuanto a si creo o no en Dios, confieso que no lo sé.
ETHAN ALLEN (1738-1789) héroe de la Independencia de USA

Las religiones cambian; el vino y la cerveza perduran.
HARVEY ALLEN

Ningún tirano de la historia ha sido responsable ni siquiera en una centésima parte, de los delitos, las masacres y las atrocidades atribuidas al Dios de la Biblia. Ni siquiera Hitler.

Si hubiese un Dios, tendría a su cargo el cumplimiento de la moral. Pero como parece que no lo hay, la moral y la justicia dependen solamente de nosotros los humanos.
STEVE ALLEN / actor y escritor USA

SI A DIOS NO LE GUSTA
LA FORMA COMO
VIVO, QUE ME LO DIGA
ÉL, NO USTED.
(visto en un botón)

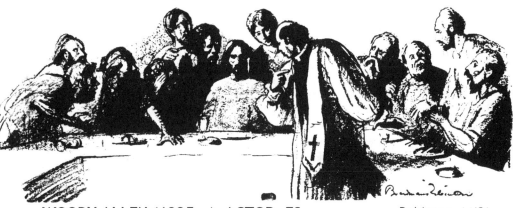

Robinson / USA

WOODY ALLEN (1935-) ACTOR, ESCRITOR, HUMORISTA Y CINEASTA

¡ Ay, si Dios me hubiera dado una señal ! Como por ejemplo depositarme una buena cantidad en un Banco Suizo.

No sólo Dios ha muerto : traten de encontrar un plomero cualquier fin de semana...

Si finalmente resulta que hay un Dios, no creo que sea malo. Lo peor que se puede decir de él es que básicamente es un perdedor.

Para usted yo soy un ateo. Para Dios soy la "Leal Oposición".

No quiero lograr la inmortalidad con mi trabajo... quisiera lograrla no muriéndome.

"Si Woody Allen fuera musulmán, ya estaría muerto". **SALMAN RUSHDIE /escritor Hindú**

Bechkov / Bulgaria

Nadie oculta la verdad tan bien como la autoridad. Y dentro de las autoridades, la que mejor lo
hace es la autoridad religiosa.

RAFAEL ALBERTI (1902-1987) poeta Español

Es deprimente y asombroso oír a la gente clamar
por la "necesidad" de que haya rezos en nuestras escuelas, aduciendo que así retornaría la
Nación a sus valores espirituales, y al mismo
tiempo verlos atacar ferozmente a quienes piensan lo contrario. ¡¿Valores morales, dicen ?!

ROBERT S. ALLEY / historiador USA

¿Qué es un culto ? Demasiada poca gente como
para formar una minoría.

ROBERT ALTMAN / director de M.A.S.H.

¿Dios? Algo que busco desde hace mucho y no
encuentro en ninguna parte.

**GRISELDA ALVAREZ (1918-   ) profesora y go-
bernadora de Colima**

Pasamos la vida haciendo cómplice a Dios de
nuestras inequidades. Cada masacre bélica vic-
toriosa es celebrada con un solemne Te Deum de
gracias a Dios, acompañado de bendiciones ecle-
siásticas a las bombas y generales.

**HENRI FREDERIC AMIEL (1821- 1881)
Filósofo y poeta Suizo**

Actué solo, siguiendo las órdenes de Dios.

YIGAL AMIR / asesino de Yitzak Rabin

Tengo ya bastantes culpas como para iniciar mi
propia religión.

TORI AMOS (1964-   ) cantante USA

Todo tiene una explicación natural. La luna NO
es una diosa sino una enorme roca. Y el sol tampoco es Dios, sino solo una roca caliente.

*EL CRISTIANISMO
NO ES UNA
RELIGIÓN, ES
UNA INDUSTRIA.*
(PINTA AFUERA DE UN
TEMPLO EN ATENAS)

Kretzschmar / Alemania

Anaxágoras

Los dioses sólo son abstracciones
míticas con atributos antropomórficos

ANAXÁGORAS (500-428 a.C.) filósofo griego

Kretzschmar

Las oraciones y los sacrificios
a los dioses no sirven para nada.
*
ARISTÓTELES filósofo Griego

Las mujeres no deben recibir ninguna instruc-
ción, ni educación. Por el contrario, deben ser
segregadas, pues son la causa de que los hombres santos tengan erecciones en forma horrenda
e involuntaria.
*
El buen cristiano debe cuidarse de los matemáti-
cos: ellos han hecho un pacto con el demonio para oscurecer el espíritu y llevar al hombre a los
infiernos.
*
Todos los males de los cristianos se deben a los
demonios que, principalmente se dedican a
atormentar a los bebés recién bautizados.
SAN AGUSTÍN (354-430) padre de la Iglesia
*

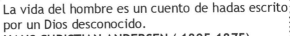

La vida del hombre es un cuento de hadas escrito
por un Dios desconocido.
HANS CHRISTIAN ANDERSEN (1805-1875)
Escritor danés de cuentos infantiles

Los hombres han hecho a sus dioses más tontos
que sus reyes y reinas, más vanos y menos poderosos. Y más inútiles.
MAXWELL ANDERSON (1888-1959) dramaturgo 13

Prácticamente jamás tuve fe. No recuerdo tiempos de fe... La iglesia ortodoxa es una iglesia bastante mundana. No tenemos grandes santos. El único que teníamos, San Jorge, nos lo quitaron porque parece que eso de matar dragones no es muy serio que digamos.

***

Creo que tengo una incapacidad ontológica para creer: "observo, luego constato"; no creo. Y mientras más pienso y envejezco, menos posible me parece dimitir del pensamiento en favor de la fe. No tengo tampoco envidia de los creyentes. Sé que resuelven muchos problemas. Sé que de tener fe, hubiera resuelto muchos de los míos, pero ahí estoy...así seguiré hasta el final: no tengo respuestas.

IKRAM ANTAKI (1947-2001)
Escritora y antropóloga sirio-mexicana

Si Jesús me ama, ¿por qué nunca me manda flores?

Jesús no era cura; era laico.
JEAN-BERTRAND ARISTIDE (1953-)
Presidente de Haití y sacerdote salesiano.

La religión nunca debe olvidarse, porque entonces los pecados perderían su gracia.
REYNALDO ARENAS escritor cubano.

Cada generación y cada religión inventan la imagen de Dios que necesitan.

***

La idea de un Dios fabricante del Universo es absurda, como lo es la de un Dios entrometido en la libertad y creatividad del hombre: ése sería un Dios tirano. Y peor de absurda es la idea de un Dios que se hace a sí mismo... El ateísmo tiene plenamente justificado su rechazo a todas esas clases de Dios.

14 KAREN ARMSTRONG /historiadora teológica

Otto / Alemania

¡ Saquen a Jesús de la mierda de Navidad !
(pinta en Dallas)

Los milagros han desaparecido con el progreso de
la ciencia, junto con las hadas, las brujas y
los dragones.
MATTHEW ARNOLD (1822-1888)
Poeta y crítico literario inglés.

Un opio peor que la religión y que atrae a muchos intelectuales, es la defensa del autoritaris-
mo, así sea ateo.
RAYMOND ARON (1905-1983)
Filósofo Francés

**Dios no ha muerto: está sano y salvo, pero
trabaja en otro proyecto menos ambicioso.**
ANÓNIMO

La enfermedad del hombre es la conciencia; la
enfermedad de la conciencia es Dios.
ANTONIN ARTAUD (1896-1948)
Dramaturgo Francés

Finalmente, los hombres somos únicamente
animales fabulosos.
JOHN ASHBERY escritor Inglés.

No pongo objeción alguna a las Iglesias, mientras
no interfieran con los designios de Dios.
BRUCE ATKINSON escritor Inglés

*
**¿ Alguien ha oído
últimamente algo
de Dios ?**
*

Maurice Henry / Francia

Aunque provengo de una familia cristiana, yo no
practico y he pasado buena parte de mi carrera satirizando a figuras religiosas, y estoy totalmente en contra de la pretensión de penalizar
esos chistes contra el Papa o los Ayatolas.
Proponer una ley contra un film como "La vida
de Brian" de Monty Python, es una enorme mues-
tra de intolerancia.
ROWAN ATKINSON ("Mr. Bean")
Comediante Inglés

En esta sociedad, a todos nos crucifican como a Cristo.
SHERWOOD ANDERSON (1876-1941) novelista

Un abogado de la firma lyon Group negó ante la prensa que BARNEY, el personaje de caricaturas de la tele, que produce la firma, sea un instrumento de Satanás, como dijo desde el púlpito de la iglesia un ministro.
(The Advocate, 1994)

Heinrich Kley / Alemania

ISAAC ASIMOV (1920-1992)
Escritor y científico USA

Soy un ateo total. No lo afirmaba así antes por falta de conocimientos. Emocionalmente soy un ateo; no tengo la evidencia para probar que Dios no existe, pero sospecho fuertemente que él no quiere que pierda mi tiempo buscándola.
*

Me he dado cuenta que la gente más ignorante, la más maleducada, la que tiene menos imaginación, la que menos piensa, son los líderes religiosos del mundo, los que obligan a los creyentes a creer en niñerías y tonterías, como las que abundan en las páginas de la Biblia.
*

El Universo existe y seguirá existiendo sin la participación de ningún Ser Supremo.
*

Cuando muera no quiero ir ni al Cielo ni al Infierno. Seguramente que voy a ir a la Nada.

Naranjo / México

Van juntas la ausencia y la presencia de Dios.
Las dos importan y no importan al mismo tiempo
MARGARET ATWOOD (1939-   )
Escritora Canadiense

Hasta ahora puedo decir que NO creo en Dios; es
un asunto que no me importa.
ALEJANDRO AURA (1944-   )
Poeta y promotor cultural Mexicano.

La única razón por la que, tanto católicos como
protestantes han abandonado la idea de domi-
nar el mundo, es al darse cuenta de la imposibi-
lidad de hacerlo.
W.H. AUDEN (1907-1973) poeta USA

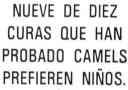

NUEVE DE DIEZ
CURAS QUE HAN
PROBADO CAMELS
PREFIEREN NIÑOS.
(ANÓNIMO)

Una de las peores falacias es pretender que una
prueba de un más allá sea la prueba de la existencia de Dios. Para mí, no hay ninguna prueba
de la existencia de ambas cosas.
SIR ALFRED JULES AYER (1910-1980)
Filósofo Inglés

Para mí Dios es el Arte. ¿Las religiones? Señales
sin destino, una definición entre las indefinicio-
nes.
HÉCTOR AZAR (1930-2001)
Dramaturgo y maestro Mexicano

**La tierra es plana y cualquiera que disienta de
esta afirmación es un ateo que debe de ser
fuertemente castigado.**
(EDICTO MUSULMÁN FIRMADO POR EL SHEIK
ABDEL-AZIZ IBN BAAZ, SAUDI ARABIA1993) 17

x·x·x·x·x·x·x·x·x·x·x·x·x·x·x·x·x·x·x·x·x·x·x·x·x·x·x·x·x·x·x·x·x·x·x·x·x·x·x·x·x·x·x·x·x·x·x·x

No podemos escoger cómo morir, ni cuando.
Lo único que podemos decidir es CÓMO vivir.
JOAN BAEZ, cantautora USA

....

La verdad no se puede alcanzar de ninguna autoridad. La verdad es hija del tiempo y del conocimiento, no de la autoridad.

*

Las supersticiones religiosas se olvidan de la moral, de la filosofía, de las leyes, de la reputación
y de la razón, y se convierten en una monarquía
absoluta que actúa sobre la mente del hombre.

*

El conocimiento es el verdadero poder.

*

Los hombres temen a la muerte, lo mismo que
los niños temen a la oscuridad. E igual que el
miedo del niño crece con los cuentos, ocurre lo
mismo con los hombres.
FRANCIS BACON (1561-1626)
Filósofo Inglés

....

Los grandes y terribles misterios de la divinidad
pueden volver loco al hombre más sabio.
WALTER BAGEHOT (1826-1877)
Economista Inglés, fundador de la revista
The Economist

....

La historia de las religiones es el mejor estudio
de las aberraciones de la mente humana.
CIRYL BAILEY, historiador Inglés

....
Resulta curioso que los cristianos hayan quema-
do, torturado y perseguido a otros cristianos,
convencidos de que eso era cristiano.
RUSSELL WAYNE BAKER (1925-   )
Escritor y columnista del N.York Times

....
"No le cuadra el nombre de PIO, sino el de
IMPIO. Es clerófobo, ateo y deshonesto.."
PIO BAROJA, según P.Ladrón de Guevara

++

Un patrón en el cielo es la mejor excusa para
que haya patrones en la tierra. Por lo tanto, si
Dios existe, hay que abolirlo.
*

Es mejor morir de pie que vivir de rodillas.
*

La idea de Dios es la abdicación del uso de la razón, la libertad del hombre y la justicia.
*

La gente va a la iglesia por la misma razón que
va a las tabernas : para estupidizarse, olvidar sus
miserias e imaginarse, por unos minutos, que
son libres y felices.
*

La religión es la locura colectiva. Con sus dioses,
semidioses, profetas, mesías y santos, las religiones son sólo un producto de la credulidad y la
ignorancia de quienes no han desarrollado por
completo su mente.
MIKHAIL BAKUNIN (1814- 1876)
Autor y filósofo anarquista Ruso
....

Si el concepto de Dios pudiera hacernos más
grandes, más libres y más bondadosos, sería váli-
do. Si Dios no ha podido hacerlo, ya es tiempo
de deshacernos de él.
JAMES A. BALDWIN (1924-1987)
Escritor y activista negro USA
....
Gracias a la tolerancia predicada por los Enciclo-
pedistas del siglo XVIII, el pensamiento se salvó
de la tortura de la Inquisición.
HONORÉ DE BALZAC (1799-1850)

BALZAC

19

Si hubiera Dios, no necesitaríamos la religión. Y si <u>no</u> hubiera
Dios, no necesitaríamos la religión. O sea, la religión sobra...
RON BARRIER

....

La pasión religiosa se confunde
con la pasión sexual, y finalmente ambas pasiones se confunden en una sola.
REV. BARRING GOULD

....

Creer es la comodidad. No creer
es meterse en problemas con la
sociedad.
*

Pretender que el Todopoderoso
venga en tu ayuda y te haga un
milagro, violando todas las leyes
naturales, es una arrogancia.
*

Si rezamos a Dios pidiéndole
que se haga SU voluntad,
¿para qué rezar entonces ?
*

La verdad no requiere de la fe.
DAN BARKER, predicador USA

Maurice Henry / Francia

— Porteur!

P. T. BARNUM

En Occidente Dios ha sido sustituido por el aire
acondicionado y la respetabilidad producida por
un alto nivel de vida.
*

Dios es un hombre idealizado.
IMAMU AMIRI BARAKA (1934-)
Escritor afroamericano (LEROI JONES)

....

La fe ortodoxa pinta a Dios como un ser vengador y cruel, y
sin embargo la gente lo ama a
ciegas. Más personas son enga-
ñadas por creer demasiado, que
por no creer nada.
P.T. BARNUM (1810-1891)
20 Empresario circense USA

NO PIENSES, ES PELIGROSO

Ylipe / Francia

El pensamiento que es silencia-do, siempre es rebelde. Las ma-yorías, desde luego, están siem-pre equivocadas, por ello las minorías son peligrosas y hay que silenciarlas.
ALAN BARTH (1906-1979)
Periodista USA

Me siento impotente para definir a Dios.
ENRIQUE BÁTIZ (1942-   )
Director musical Mexicano

Yo soy ateo de día.
BRENDAN BEHAN (1923-64)
Dramaturgo Inglés

No vale la pena negar a Dios, ni siquiera hablar de él.
CHARLES BAUDELAIRE (1821-1867) poeta Francés

El mejor Dios y la mejor reli-gión, es nuestra propia concien-cia. He conocido ateos que vi-ven virtuosamente, junto a cristianos criminales y corruptos que niegan el derecho de los ateos a vivir.
*
Ahora, la Iglesia persigue a los que piensan diferente, no a los malos cristianos. No hay nacio-nes más belicosas que las que dicen ser cristianas.
PIERRE BAYLE (1647-1706)
Filósofo Francés

Uno de los mejores trucos del diablo es hacernos creer que no existe.

Baudelaire

21

JESÚS TE AMA
(Y ABAJO, AÑADIDO CON PLUMÓN, PUSIERON :)
Lo siento, pero no es mi tipo...

Por muy terribles que sean los ídolos que ha fabricado el hombre, son de hecho sus subordinados y por ello siempre ha ejercido el derecho de destruirlos y desaparecerlos.

*

No puedo encabronarme con un Dios que no conozco.

*

Una noche intimé a Dios: si existía, debía manifestarse. Se quedó callado, y ya nunca más le dirigí la palabra. En el fondo me quedé muy tranquila de que no existiera.
**SIMONE DE BEAUVOIR
(1908-1986) escritora**

El cristianismo ha mantenido esclavizada a la Humanidad. Cuando el mundo sea socialista, la Iglesia apoyará al socialismo, igual que antes apoyó la esclavitud y el feudalismo.

*

El cristianismo es el gran enemigo de la libertad y la civilización.
**AUGUST BEBEL (1840-1913)
Líder socialista Alemán.**

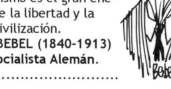

La mejor forma de ser considerado como un ciudadano peligroso, es repitiendo lo que dijeron sobre la religión los Fundadores de nuestro país.
**CH. AUSTIN BEARD
(1874-1948) historiador USA**

Nunca ha habido una mentira tan grande como la fábula del Jardín del Edén.
**HENRY WARD BEECHER
(1813-1887) predicador USA**

Dios padre / campechano
En el estilo de juan veintitrés
Dijo / dejad que los excomulgados
Vengan a mí / dejadlos
Abortistas / herejes
Adúlteros o gays
Marxistas / sacerdotes casados
Guerrilleros
Venid a mí / libérrimos
Vuestro es el reino
De los cielos mío.

Donde estés
si es que estás
si estás llegando
aprovecha por fin
a respirar tranquilo
a llenarte de cielo los pulmones
donde estés si es que estás
será una pena que no exista Dios
pero habrá otros
claro que habrá otros
dignos de recibirte
Comandante.
(al Che Guevara)

Steinberg / The New Yorker

MARIO BENEDETTI / poeta Uruguayo

....

No sé de nada bueno que haya
aportada la Iglesia a la Humanidad. El problema que tenemos
es cómo deshacernos del cadá-
ver antes de que apeste.
JOHN BEEVERS
Historiador USA

....

¿ Qué puedo decir del destino
del hombre ? ¡ Sé más de
rábanos !
*
¿Pero qué hacía Dios antes de
la Creación ? ¡El bastardo NO
existe !
SAMUEL BECKETT
(1906-1989) dramaturgo inglés

....

A DIOS LE GUSTA QUE
PEQUEMOS, SIEMPRE
QUE LO HAGAMOS
CON ALEGRÍA.
Mario Benedetti

....

Cuando los curas, monjas y frailes quieren dedicar su vida a
Dios, no comen ni hacen el
amor, contraviniendo así sus órdenes. Y cuando llegan al Juicio Final, Dios les dirá :
"Imbéciles. Yo les dije claramente *Creced y multiplicáos.*
Nunca hablé de castidad.
¿O tenía que haberles dicho,
"coman y cojan" ?
ROBERTO BENIGNI
Actor Italiano

23

La fe es la habilidad para ver lo ridículo como sublime.

+

El espíritu dogmático y la teología envenenan todo lo que tocan.
JEREMY BENTHAM (1748-1832) filósofo Inglés Reformista

. . . .

Los milagros se dan entre aquellos que creen en ellos.¿ Por qué no se aparece la Virgen María a los mahometanos, budistas o hindús que jamás han oído hablar de ella ?
BERNARD BERENSON (1865-1959) escritor y crítico de arte USA

. . . .

MI DIOS ES
LA MÚSICA
**Irving Berlin (1888-1989)
Compositor USA**

"¿ Rezar yo ? ¿A quién si soy atea ? "
**SARAH BERNHARDT
(1844-1923) actriz francesa**

**CARDENAL
BELLARMINO : LAS
BURRADAS QUE DIJO EN
EL JUICIO A GALILEO:**

+

Afirmar que la tierra gira alrededor del sol es tan erróneo como proclamar que Jesús NO nació de una virgen... Afirmar que el sol está en el centro del Universo y que sólo gira sobre su eje es una actitud peligrosísima, que no solo sorprende a todos los filósofos escolásticos y a los teólogos, sino que además **injuria gravemente a nuestra santa fe al contradecir las Escrituras.**

Jean Cocteau

Ambrose Bierce
Periodista gringo muerto en la Revolución Mexicana.

No tomes el nombre de Dios en vano ; escoge una ocasión en que sea útil.

*

No confundir nuestras Sagradas Escrituras con las falsedades de las otras religiones.

+

....

Clérigo: un hombre que se ocupa de nuestras necesidades espirituales para resolver sus necesidades materiales.
(Bierce)

....

+

Infiel: en New York, el que no cree en la religión cristiana, en Constantinopla, uno que sí cree en ella.

La Religión es la hija del Temor y la Esperanza, que le explica a la Ignorancia la Naturaleza de lo Desconocido.

(1842-1914 ?)
Bierce es el personaje principal de la novela de Carlos Fuentes, *Gringo Viejo*.

+++

Ninguna filosofía, ninguna religión ha traído al mundo un mensaje de tanta alegría como el ateísmo.

+

Durante siglos los líderes del Cristianismo han hablado de la mujer como *el mal necesario,* y los llamados santos de la Iglesia han sido los más grandes enemigos de las mujeres.
**ANNIE BESANT
Teósofa Inglesa**

Si cree que la educación es cara, pruebe con la ignorancia.
**DEREK BOK
Ex-presidente de Harvard**

....

Perder una ilusión te hace más sabio que descubrir una verdad.
LUDWIG BORNE

25

Todas las religiones se basan en el temor de las mayorías y la sagacidad de una minoría.
MARIE-HENRY BEYLE (1783-1842) escritor Francés más conocido como STENDHAL

··

Dios siempre se me aparece en el fondo del décimo vaso de cerveza y otras como una hermosa joven desnuda.
+
¿Cómo saber si el que nos habla al oído es Dios o el Diablo ? Los dos hablan igual...
FRANZ BIBFELDT teólogo

La religión es necesaria para el pueblo

Leyenda en la boca del cura: "Sed fructíferos y multiplicaos."

Heinrich Kley / Alemania

La vanidad del misionero es increíble. Llega a alguna de las islas Fiji, bautiza, amenaza, aterroriza a los nativos, mata a los que no le creen, y finalmente se queda con sus tierras, en nombre del Todopoderoso.

RICHARD BIRNIE (1808-1888) autor inglés

·······························

La duda más seria sobre la credibilidad de los milagros del Evangelio, es que los testigos eran todos pescadores...y ya sabemos cómo se las gastan los pescadores

ARTHUR BINSTEAD (1846-1915) autor inglés

El cerrojo católico, desde que se convierte en sacerdote, es un oficial del Papa.

+

Me hubiera gustado acabar con Roma, si eso hubiera acabado con el cristianismo.
LEOPOLD VON BISMARCK (1815-1898) político Alemán

El canciller Bismarck.

...ASÍ QUE YO LES PREGUNTO, HERMANOS Y HERMANAS, ¿QUÉ DE BUENO HA HECHO LA CIENCIA ATEA POR USTEDES?!

CIENCIA TECNOLOGIA

CORTESIA DE FREE INQUIRY

Ni la Biblia ni los Evangelios prohiben o condenan el suicidio.
ELLEN BLACKSTONE

Los hombres olvidaron que todos los dioses residen en su mente.

+

Los curas maldicen los placeres más bellos.

+

Las prisiones están hechas con las piedras de la ley; los burdeles con los tabiques de la religión.
WILLIAM BLAKE (1757-1827) Pintor y poeta inglés

La religión es como la quimioterapia : puede resolver un problema, pero produce un millón más.
JOHN BLEDSOE

Una herradura puede traerme suerte, aunque crea o no en las herraduras.

+

Cuando digo algo, no afirmo, sino pregunto.
NIELS BOHR (1885-1962) Físico nuclear Danés

La palabra "hereje" debería ser un tratamiento honorífico

+

Niego el Dios de la Biblia, no creo en el Dios del cristianismo, pero no he sido capaz de afirmar que no hay Dios: no estoy preparado.

*

No puedo seguir a los cristianos. Ellos van de rodillas, y yo voy a pie.

CHARLES BRADLAUGH (1833-1891) Escritor y político Inglés

27

NAPOLEÓN BONAPARTE

Todas las religiones han sido hechas por los hombres.

*

Los Papas han cometido la imbecilidad de creerse infalibles.

*

La religión es un excelente medio de mantener quieta a la gente.

*

Vivo rodeado de curas que repiten incesantemente que su reino no es de este mundo, pero tratan de conseguir todo lo que pueden en éste.

Siné / Francia

Todo lo decrépito, feo, infame, ridículo y grotesco, está contenido en una sola palabra: "Dios".
ANDRE BRETON (1896-1966)
Escritor y poeta Francés

....
Una de las principales características de los creyentes es su intolerancia hacia todos los no-creyentes.
GUSTAVE LE BON (1841-1931)
Psicólogo Francés
....

Hay un Dios, pero bebe.
BLÓRE

....

Los tres majaderos más grandes de la historia hemos sido Jesucristo, Don Quijote y yo.
SIMÓN BOLIVAR MURIÓ EXCOMULGADO POR LA IGLESIA CATÓLICA.

Morir por una religión es más fácil que vivirla plenamente.
JORGE LUIS BORGES (1899-1974)

La Ciencia es tan opuesta a la religión y la historia, que no puede ser absorbida por la civilización.
MAX BORN (1882-1907)
Físico matemático Alemán

● ● ● ● ● ● ● ● ● ● ● ● ● ● ● ●

La verdad existe desde siempre; la mentira hemos tenido que inventarla.
GEORGES BRAQUE (1882-1963)
Pintor Francés

....
Todos los que practicamos la psicoterapia, nos encontramos a diario con tremendos conflictos provocados por la religión.
NAT BRANDEN
Psicólogo USA
....

EL CONOCIMIENTO CIENTÍFICO ES PRODUCTO DE LA DUDA, NO DE LA FE.
Bertolt BRECHT

(1898-1956)

29

Explicar lo desconocido por medio de lo conocido, es un procedimiento lógico; explicar lo conocido por medio de lo desconocido, es una forma de locura teológica.
DAVID BROOKS filósofo USA

....

Realmente hay un Dios, pero el gobierno lo tiene secuestrado.
*

Si ves a Dios dile que lo busco.
*

Es posible, tecnológicamente hablando, crear el Cielo y la Tierra, pero el costo resulta astronómico.
ASHLEY BRILLIANT
Humorista USA

....

La Ciencia ha triunfado donde la magia fracasó.
*

No hay conocimiento absoluto. Los que dicen tenerlo, sean científicos o dogmáticos religiosos, abren las puertas a la tragedia. Toda información es imperfecta y debemos tratarla con humildad.
JACOB BRONOWSKI
(1908-1974) matemático

....

Vanos son los mil credos
Que mueven los corazones de la gente, vanos e inútiles,
Como las semillas en invierno.
EMILY BRONTE (1818-1848)
Escritora y poetisa Inglesa

....

Podemos ser felices sólo si hacemos caso omiso de las religiones.
*

La ética cristiana se halla más en la filosofía de los no-creyentes.
HEYWOOD C.BROUN escritor USA

Si a Dios no le gustaba la ciudad de San Francisco por la forma "impía" de sus costumbres y mandó un terremoto para destruirla, ¿ por qué no se fijó y destruyó sus iglesias junto con los bares ?
(poema que circuló en San Francisco, tras el terremoto de 1906).

....

La educación le dice a la gente CÓMO pensar; la propaganda le dice QUÉ pensar.
JAMES A.C.BROWN escritor USA

....

El catolicismo es un fuerte olor a incienso estupefaciente.
ROBERT BROWNING
Escritor inglés

MUR

Mur / Austria

Cada día que pasa los creyentes están abandonando las iglesias y volviendo a Dios.

*

Si Jesús hubiera muerto hace 20 años, los niños católicos colgarían de su cue- llo una Silla Eléctrica y no una cruz.
LENNY BRUCE comediante USA

J.C.Orozco / México

—"¡Amados hermanos míos, Dios hizo al hombre" a su imagen y semejanza!!"

EL AMOR NO TIENE QUE SER UNA ORDEN O UN ACTO DE FE. YO SOY MI PROPIO DIOS. ESTAMOS AQUÍ PARA DEJAR A UN LADO LAS ENSEÑANZAS DE LA IGLESIA Y NUESTRO IMBÉ- CIL SISTEMA EDUCATIVO. ES- TAMOS AQUÍ PARA BEBER CERVEZA, PARA MATAR LAS GUERRAS. ESTA- MOS AQUÍ PARA REIR DE LAS VIE- JAS PATRAÑAS Y VIVIR NUES- TRAS VIDAS CO- MO QUERAMOS.

CHARLES BUKOWSKI
. . . .

Es una prueba de poco entendimiento querer creer lo que creen las mayorías, sólo porque la mayoría es mayoría. La verdad no cambia por el hecho de que sea o no creída por la mayoría de la gente.
GIORDANO BRUNO (1548-1600) Dominico quemado por la Inquisición
. . . .

Un creyente sería ateo si el Rey lo fuera.
JEAN DE LA BRUYERE (1645-1696) escritor Francés

LA FE ES PARA LOS HOMBRES LO QUE LA ARENA PARA LAS OSTRAS.

(Dessin de Siné, *Siné Massacre*, n° 9, avril 1963.)

Si la Biblia dijera que Jonás se tragó a la ballena, yo lo creería.

*

Entre la educación y la religión, me quedo con la educación.
WILLIAM JENNINGS BRYAN

Ateo es el hombre que no tiene sostén invisible.
JOHN BUCHAN (1875-1940)
Autor y político Inglés

No necesito más fe que mi fe en los seres humanos. Como Confucio, estoy tan absorta admirando las maravillas de la naturaleza, que no puedo perder el tiempo en Cielos y ángeles.

*

¿Por qué creer en pecados originales y tonterías de salvación eterna?
PEARL S. BUCK (1892-1973)
Novelista USA

No les enseñes a los niños religión: enséñales Naturaleza.
LUTHER BURBANK (1849-1926) Biólogo y botánico USA.

DIOS, GIGANTESCO EUFEMISMO.
Gesualdo Bufalino. Escritor Italiano

Viéndolo bien, soy ateo gracias a Dios, como se dice en México.
LUIS BUÑUEL (1900-1983) Cineasta

Una vez encontré a un niño mastur-
bándose mientras leía la Biblia.

*

Parece que hay vida en todas partes,
menos en el Vaticano.
ANTHONY BURGESS (1917-1953)
Escritor Inglés (Naranja mecánica)

La Iglesia puso bajo la tutela del fuego a las ideas (Huss, Savonarola,
Giordano Bruno y seis millones de
quemados vivos), por el pecado de
defender sus ideas.
FRANCESCO BURDIN
Escritor Italiano.

Todas las religiones son cuentos de
hadas y fábulas de viejas damas, pero
un hombre honesto no debe tener
miedo, ni de este mundo ni del otro.
ROBERT BURNS (1759-1796)
Poeta Escocés

La Ciencia ha hecho más por el desarrollo de la civilización occidental en
100 años, que el Cristianismo hizo en
ochocientos años.
JOHN BURROUGHS
(1837-1921) naturalista USA

Si vas a emprender un negocio con un
hijo de perra religioso, ponlo todo
por escrito. Su palabra no vale una
mierda, con el buen Dios asesorándo-
lo cómo joderte en el trato.

+

Se puede resumir la historia del cristianismo en unas cuantas palabras:
ignorancia criminal, estupidez brutal,
mojigatería egoísta y terror paranói-
co a los escépticos.
WILLIAM BURROUGHS
(1914-1997) escritor USA

Es difícil decir cual gremio ha hecho
más dinero con el lucrativo negocio
del misterio, si los doctores de la ley
o los de la divinidad.
EDMUND BURKE (1729-1797)
Escritor Inglés

¡OYE ESO! ES LO QUE YO SIEMPRE TE HE DICHO

Naranjo / México

La máxima ambición de un esclavo no es la libertad, sino tener un esclavo propio.

+

Me gustaría creer en Dios, pero simplemente no puedo.
RICHARD BURTON actor Inglés

....

Una religión es tan verdadera como las otras.
ROBERT BURTON (1577-1640)
Escritor satírico Inglés

....

No veo por qué los ateos pudieran considerarse como ciudadanos y mucho menos como patriotas. Ésta es una nación bajo Dios.
GEORGE BUSH presidente USA

....

Si Dios quiere que hagamos algo, debería manifestarlo en forma clara para poder prestarle atención.

+

Algo que podemos decir a favor del Diablo: hay que recordar que TODOS los libros los ha escrito Dios.

+

Dios quedó satisfecho de su trabajo, y eso es fatal.

+

Las oraciones de los hombres son como los muñecos de los niños : una forma de entretenimiento.
SAMUEL BUTLER (1835-1902)
Escritor Inglés

Steinberg / The New Yorker

No creo en ninguna religión revelada por ningún Dios, no creo en la inmortalidad. Bastante miserable es esta vida como para que estemos absurdamente especulando en "otra" vida. No puedo hablar, al menos bien, de ninguna religión.

+

La mentira es sólo la verdad enmascarada.
LORD BYRON (1788-1824) poeta

LORD BYRON

La Biblia y la Iglesia han sido los peores enemigos de la mujer. No he visto otro libro que degrade tanto a las mujeres.
ELIZABETH CADY STANTON (1815-1902) escritora USA

....

Es más fácil creer que pensar. Por eso hay más creídos que pensantes.
BRUCE CALVERT

....

A veces creo que la señal más segura de que hay vida inteligente en el Universo, es que no han querido ponerse en contacto con nosotros.
GEORGE WASHINGTON CARVER (1867-1943) botánico USA

....

Para los negros Jesús NO es el Salvador venerado los domingos y olvidado el resto de la semana. El es la encarnación del sufrimiento de una raza.
V.F.CALVERTON (1900-1978) Novelista Negro USA

....

¿Quién se atreve a poner a Copérnico con más autoridad que el Espíritu Santo ?
JUAN CALVINO

Es difícil ser creyente cuando ves que a ciertas personas nunca las matan los rayos celestiales.

+

Calvin: ¿Tú crees en el diablo? Ya sabes, ese ser superior dedicado a tentar y corromper y destruir a los hombres...
Hobbes: No estoy muy seguro de que los hombres necesiten mucho esa clase de ayuda...

+

Mis padres dicen que yo debería de comportarme de acuerdo a los principios en que creo. Pero cada vez que trato de hacerlo, me regañan...

"No hay eficiencia, no llevan bien las cuentas, nada funciona bien. Te digo, Hobbes, que ésa no es la forma de manejar un Universo..."
(de la tira cómica CALVIN y HOBBES) 35

CLERO

Dios es una metáfora que está más allá del pensamiento intelectual.
*
¿ Qué dios o dioses pueden haber que no sean producto de la imaginación de los hombres ?
*
Los clérigos solían decir que la fe puede mover montañas, y nadie lo creía. Hoy, los científicos dicen que pueden desaparecer montañas, y nadie lo pone en duda.
JOSEPH CAMPBELL (1904-1987)
Escritor y antropólogo USA

CAMUS

LA FELICIDAD DEL DELFÍN ESTRIBA SIMPLEMENTE EN EXISTIR, MIENTRAS EL HOMBRE SE COMPLICA LA VIDA PREGUNTÁNDOSE: ¿ DE DÓNDE VENGO, A DÓNDE VOY Y PARA QUÉ DIABLOS ESTOY AQUÍ ?
Jacques Costeau

No trataré de presentarme como cristiano ante ustedes. Igual que ustedes comparto la misma opinión contra el mal, pero NO comparto la esperanza religiosa, y seguiré luchando por hacer de este mundo un lugar donde no sufran y mueran injustamente nuestros niños.
*
No creo en un Dios que se queda sentado y callado ante todas las injusticias y crímenes que se cometen en su nombre.
*
Si hay un pecado contra la vida, quizás consiste en desesperarse por ella y en esperar por otra vida, eludiendo la grandeza de ésta.
*
Adquirimos el hábito de vivir antes de adquirir el hábito de pensar.
ALBERT CAMUS (1913-1960)
Escritor Francés

PAPÁ...¿Y DIOS EN QUIÉN CREE?

GEORGE CARLIN, cómico USA, nacido en 1937 :

....

No quisiera formar parte de un grupo que adora a uno clavado en dos pedazos de madera.

+

Hemos creado a un Dios a nuestra imagen y gusto.

+

Me enseñaron la religión, pero lo mismo aprendí a pensar por mí mismo, de modo que dije: este cuento de hadas no es para mí: ¡paso!

+

Treinta años de drogas han hecho que 3 de 4 americanos crea en los jodidos ángeles.

+

El Súper Hombre Invisible viviendo en el cielo y vigilando todo lo que hacemos, ha elaborado una lista de 10 cosas que quiere que hagas, y si NO las haces, te irás al maldito infierno. Pero él te ama...

Creer está muy lejos de rezar y rezando no pueden acercarse a Dios. Es el peor pecado de arrogancia creer que rezando se acercan a Dios.

*

Las religiones no hacen mejores a los hombres, sólo diferentes.
ELÍAS CANETTI escritor

SE HIZO LA LUZ

Ahumada / La Jornada

Si Jesucristo volviera en estos días, la gente no lo clavaría en una cruz. Más bien lo invitarían a cenar y se reirían de lo que les dijera.

+

Si yo tuviera modo de hacerlo, le haría llegar a la gente otro mandamiento: "Líbrate de la religión cristiana".
THOMAS CARLYLE (1795-1881) Historiador inglés

EL PODER CORROMPE; EL PODER ABSOLUTO CORROMPE ABSOLUTAMENTE; DIOS ES TODOPODEROSO.
Saque usted sus conclusiones...

*

EL HOMBRE NO TIENE NI PROTECTORES DIVINOS, NI ENEMIGOS MALIGNOS.
Rudolph Carnap (1891-1970) FILÓSOFO

....

El hombre no se puede hacer a sí mismo, porque es al mismo tiempo mármol y escultor.
ALEXIS CARRELL (1873-1944) Biólogo y Premio Nobel

● ● ● ● ● ● ● ● ● ● ● ● ● ● ● ●

Yo no creo en Dios. Mi dios es el Patriotismo. Enseñen al hombre a ser un buen ciudadano y habrán resuelto el problema de la vida.
ANDREW CARNEGIE (1853-1910) Millonario USA y filántropo

....

La idea de una diosa es tan tonta como la idea de un Dios. Esos cultos se inventaron para tapar la realidad de la vida y darles satisfacciones emocionales a las mujeres.
ANGELA CARTER (1940-1992) Escritora Inglesa

Creo firmemente en la separación de la Iglesia y el Estado, y no usaré mi autoridad para violar jamás este principio.
JIMMY CARTER (1924-   ) Ex-presidente de los USA

(Carter es el primer presidente que dejó de usar a Dios en sus disculpas y se despedía sólo con un "gracias, muchas gracias".)

Daumier / Francia

Un hombre sin religión es como un pez sin bicicleta. (pinta).

Cada vez me inclino más a pensar que ésta es la tierra que Dios le dio a Caín.
JACQUES CARTIER (1491-1557)
Navegante Francés descubridor del Canadá

....

LAS RELIGIONES COLABORAN EN LA MANIPULACIÓN POLÍTICA.
*

Dios para mí fue una pesadilla en mi infancia, un problema en la adolescencia, una incógnita en la madurez y un factor que no incluyo ya en mis cálculos.
ROSARIO CASTELLANOS
(1925-1974)
Escritora y diplomática mexicana

La religión dice estar en posesión de la verdad absoluta, pero su historia está llena de errores y herejías, o sea que es una iglesia bastante humana.
ERNST CASSIRER(1874-1945)
Filósofo Francés

....

Una fe religiosa debe fundarse en razones comprensibles y no en razones dogmáticas, por obligación. Yo nunca llegué a tener verdaderamente una creencia y una fe religiosa, porque (los curas) lo hicieron a través de métodos mecánicos, dogmáticos e irracionales.
+
Pienso que Carlos Marx podría suscribir el Sermón de la Montaña.
FIDEL CASTRO RUZ

La autoridad eclesiástica Romana es tan retrógrada, que en nombre de Dios negó solemnemente la existencia de las Antípodas y el movimiento del Universo. Combate además la anatomía, la geología, la etnografía, la lingüística y nos prohibe aún hoy la lectura de la Biblia.

*

La teología no es el Evangelio, ni la religión.

CARLOS CATTANEO
(1861-1899)
Filósofo y político italiano

****

Fundamentalismo significa nunca tener que decir "no tengo razón".

....

Proclamemos en Italia este principio: UNA IGLESIA LIBRE DENTRO DE UN ESTADO LIBRE.
CAMILO CAVOUR
Escritor y político italiano

....

Con dos mil años de cristianismo atrás, el hombre sólo ha visto un interminable desfile de soldados.
LOUIS-FERDINAND CELINE
(1894-1961)
Escritor francés

....

TODO CULTO RELIGIOSO DEBE CONTAR CON CHARLATANES.

*

No lo entiendo: los cristianos se detestan los unos a los otros.
AURELIUS CORNELIUS CELSUS
Escritor romano

La verdad sobresale por encima de lo falso como el aceite sobre el agua.

*

MIGUEL DE CERVANTES SAAVEDRA
(1547-1616) escritorazo

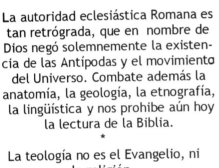

Karandash /Bulgaria

Los creyentes dicen: todos los dioses son falsos, excepto UNO; los ateos no hacen esa excepción.

Dios no olvida nunca ni las ofensas ni los regalos. A Cristo no le puede meter pleito nadie porque es Dios y a Dios no le gana nunca nadie.

*

Nadie sabe si Dios es macho o hembra.

*

A DIOS NO LE IMPORTA SI CREEN EN ÉL O NO.

*

CAMILO JOSÉ CELA (1916-2001) Premio Nobel de Literatura

Los hombres sabios son educados por la razón, los de poco entendimiento por la experiencia, los ignorantes por la religión, y las bestias por la naturaleza.

*

Es difícil negar en público la existencia de los dioses. Haciéndolo en privado no corremos ningún riesgo.
Marco Tulio CICERÓN
(106-43 A.c.) filósofo Romano

Kretzschmar

Trez /Francia

He tratado con todos los argumentos a favor de Dios, y sigo sin hallarlo.

*

Mi misión es decir las cosas exactamente como son. O sea, lo contrario de un clérigo.
EMILE CIORAN (1911-1995)
Filósofo Rumano

Mátenlos a todos. Dios sabrá ver cuáles deben ir al Cielo y cuáles al infierno. / Hermosa arenga del Abad Arnold de Citeaux, durante la Revolución Francesa

Pienso que nuestra misión en este planeta es crear a Dios, no adorarlo.

*

Mi objeción a las religiones organizadas es que se creen poseedoras de la verdad absoluta.
ARTHUR C. CLARKE (1914-)
42   **Filósofo y escritor inglés**

Ni en Moscú ni en el Norte nos espera
la victoria feliz de nuestro afán.
Es de Cristo, es de Dios nuestra bandera
y en las cumbres de México ondeará

Tenga parte el obrero en las empresas y el labriego,
La tierra en propiedad.
Allá Marx con su mundo proletario
¡Propietarios queremos!, y haya paz.
(Estrofas del Himno de las Juventudes Sinarquistas)

Jis / México

UNA VEZ CREÍ EN DIOS, PERO ME ARREPENTÍ.
(Pinta en París)

....

Los que aman al cristianismo más que la verdad, terminan amando más a su iglesia que al cristianismo.
+
Los clérigos son los mentirosos ortodoxos de Dios al propagar y publicar tantas falsedades piadosas.
SAMUEL TAYLOR COLERIDGE (1772-1834) poeta Inglés

....

La religión ha tratado al hombre como enemigo, como rehén, como prisionero, pero sobre todo, como niño.
CHARLES C. COLTON (1780-1832) clérigo y escritor

....

DIOS FUE UN INCREIBLE SÁDICO.
John Collier (1884-1968)

....

No quisiera ser injusta, pero siento que el Cristianismo con sus Iglesias ha sido la peor mancha de nuestra Civilización occidental.
LUCY COLMAN (1817-1906) Abolicionista y pensadora USA

....

Si las religiones "reveladas" han revelado algo, es que están completamente equivocadas.
*
Si la mitad de la Biblia, según lo reconocen los cristianos, contiene errores fundamentales, ¿cómo esperar que la otra mitad sea cierta?
FRANCIS H. COMPTON CRICK (1916-1998) biofísico descubridor del ADN

....

CONFUCIO
(551-479 a.C.)
Sabio filósofo Chino
Donde hay educación sobra la religión.
*

Mantenerse lejos de dioses y demonios es la mejor sabiduría.

Kretzschmar

Una de las primeras herejías cristianas que rápidamente fue destruida por la Iglesia-con todo y sus seguidores, fue el Gnosticismo, que predicaba el conocimiento de la verdad por revelación directa de Dios.
ALISON COTES Teólogo USA

43

La Iglesia es como un crustáceo: periódicamente tiene que cambiar de caparazón.

+

Todo lo que puede ser transmitido y comunicado no llega al Más Allá.
P.TEILHARD DE CHARDIN
Paleontólogo jesuita

....

Para ser un buen cristiano en América Latina, hay que ser comunista.
P.ERNESTO CARDENAL
Sacerdote Nicaragüense

....

Eulenspiegel

....

Dios y los demonios nacieron juntos; Dios y los demonios morirán juntos.

*

Los dioses son de materia frágil: se pueden matar con un soplo de sentido común.

*

El orden natural no tiene nada que ver con Dios, Él no controla a la Naturaleza puesto que no es capaz de controlar ni a los hombres.

*

CHAPMAN COHEN
Filósofo USA

....

Aunque la Biblia no dice que pensar libremente sea un pecado, pensar libremente les valió a muchos la muerte en el pasado.
EDMUND D. COHEN
Psicólogo

Forzar al hombre a vivir según los mandamientos religiosos, ha sido la peor crueldad que el corazón del hombre ha conocido.
MORRIS COHEN (1880-1947)
Filósofo educador USA

Topolski /Polonia

Dios es para los hombres; la religión es para las mujeres.

*

Los hombres no necesitan creer en una fuente sobrenatural de MAL; se bastan ellos mismos para llevarlo a cabo eficientemente.

*

El Cristianismo ha aportado una dosis de infinita angustia a innumerables almas de esta Tierra.

*

El escepticismo es el mejor agente de la Verdad.
JOSEPH CONRAD (1857-1924)
Escritor Polaco

44

LA BIBLIA ES LA PALA-
BRA AUTORIZADA DE
DIOS Y CONTIENE TO-
DA LA VERDAD.
**Presidente
BILL CLINTON**

¿ Por qué diablos tener
un solo Dios si pode-
mos tener más ?
**Arthur H. Clough
Humorista USA**

**DIOS NO HABRÍA LLE-
GADO NUNCA AL
GRAN PÚBLICO SIN LA
AYUDA DEL DIABLO.
Jean Cocteau
(1889-1973)
Dramaturgo Francés**

Se cambia más fácil-
mente de religión que
de café.
**Georges COURTELINE
Escritor Francés**

El problema con el
Protestantismo es que
NO es lo suficiente-
mente tonto para ser
rechazado a la primer
Oportunidad.
R.CRAIG COULTER

Una vez que acepta-
mos que no hay Dios,
dejamos de ser
estúpidos.
**MR. CRANKY
Crítico de cine USA**

BURRADA :
+++++++++
Si se encontrara vida
en otro planeta que
forme parte del Uni-
verso creado por Dios,
debe estar contamina-
do por el pecado y
requerirá ser
evangelizado.
**Mons. Piero Coda
Teólogo italiano**

No tengo la menor
idea de qué o quién
pueda ser Dios.
Tampoco sé cómo es o
cómo sería. No lo co-
nozco ni lo entiendo.
**SANDRO COHEN
Escritor Mexicano** 45

LA IGNORANCIA Y LA
SUPERSTICIÓN SON
PRIMAS HERMANAS.
**James Fenimore
COOPER
(1789-1845)
Escritor USA**

Los seres humanos encuentran demasiado incómodo pensar por sí mismos, por eso prefieren repetir lo que otros les dicen.
MICHAEL CRICHTON escritor Escocés

Cuando dije en Irlanda que yo era ateo y no creía en Dios, una mujer me preguntó: "Sí pero, en qué Dios no cree, ¿en el de los protestantes o en el de los católicos?"
QUENTIN CRISP (1908-1999) escritor inglés

LA FILOSOFÍA LE HA QUITADO A LA RELIGIÓN SU RAZÓN DE EXISTIR.
BENEDETTO CROCE (1866-1952) filósofo y escritor italiano

Podemos volvernos locos leyendo la Bíblia, pero si la tomamos en serio es que ya lo estamos.
ALEISTER CROWLEY ocultista Inglés

Ninguna religión puede hablar en nombre de Dios.
*

Si hoy forzamos a alguien a creer como nosotros, mañana otros podrán forzarnos a creer como ellos.
MARIO CUOMO gobernador de New York

46

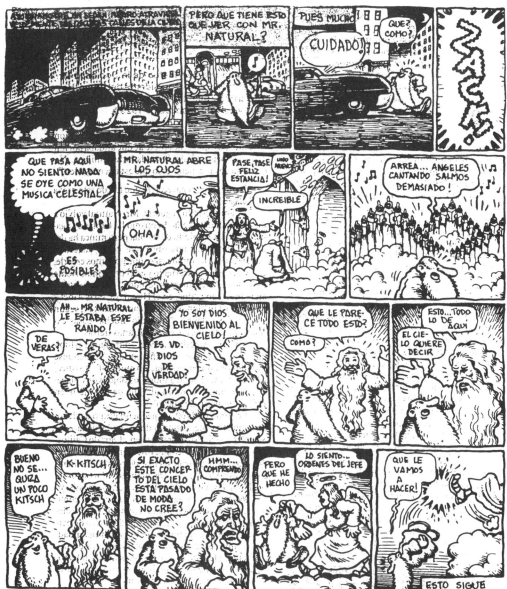

Robert Crumb / USA

47

+++

He sido agnóstico desde que tengo
uso de razón.
JOHN CHANCELLOR
(1927-1996 periodista USA

POR SIMPLE SENTIDO COMÚN, NO
CREO EN DIOS, EN NINGUNO.
CHARLES CHAPLIN
(1889-1977) actor cómico

Cuando dicen que nos burlamos del
Creador, sólo puedo murmurar que
Él nos obligó.
ILKA CHASE (1905-1978)
Escritora y periodista

· ·

La Biblia es el libro más genocida
de la historia.
NOAM CHOMSKY (1928-   )
Escritor y lingüista USA

· ·

Donde acaba la Biología, empieza la
Religión.
*

Las falacias no dejan de serlo
por estar de moda.
*

En las iglesias nos enseñan a amar al
prójimo y odiar a nuestro vecino.
GILBERT K. CHESTERTON
48 **(1874-1936) escritor Inglés**

Posada / Cuba

No se puede explicar la Ciencia con
argumentos religiosos, pero sí se
puede explicar la religión con
argumentos científicos.
PAUL CHURCHLAND
Filósofo

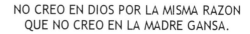

Difícilmente puedo creer que el Cristianismo sea la verdad, cuando veo que los hombres que no creen en él -y esto incluye a mi padre, mi hermano y mis mejores amigos- serán condenados eternamente. Y ésa es una creencia nefasta y mentirosa.

DARWIN

NO CREO EN DIOS POR LA MISMA RAZON QUE NO CREO EN LA MADRE GANSA.
*
SOY AGNÓSTICO: NO PRETENDO SABER LO QUE LOS IGNORANTES TIENEN POR CIERTO.
*
CORRIERON A ADÁN Y EVA POR INTENTAR COMER DEL ÁRBOL DEL CONOCIMIENTO, Y HASTA LA FECHA LOS CRISTIANOS SIGUEN SIN PROBARLO SIQUIERA.
*
SOLO PIENSEN EN LA TRAGEDIA QUE ES NO ENSEÑAR AL NIÑO A DUDAR.
*
LA RELIGIÓN ES LA CREENCIA EN DIOS Y EL MÁS ALLÁ. EN NINGUNA DE LAS DOS COSAS CREO.
**CLARENCE DARROW (1857-1938)
Legista y abogado USA**

Personalmente no creo en ninguna revelación divina. En cuanto a la otra vida, todos los hombres tienen dónde escoger de entre varias y vagas posibilidades.
*
Apoyo fuertemente la libertad de pensamiento, aunque creo que atacar a la Iglesia influye muy poco en la gente.
CHARLES DARWIN (1809-1882) científico y padre de la teoría de la Evolución, aceptada por el Papa en 1996.

49

Si de veras hubiera vida extraterrestre, la religión cristiana tendría que desaparecer, pues predica que Cristo vino únicamente a la Tierra a salvar a la Humanidad. Van a tener que inventar otros Cristos para cada uno de esos planetas con vida inteligente...¿No es absurdo y grotesco ?
PAUL DAVIES
Físico matemático

Finn Graff /Noruega

Naranjo / México

La fe en un Ser Supremo es como el *placebo* con que el médico engaña, pero cura, al paciente. La idea de la existencia de un Dios protector ha ido pasando de generación en generación. Dios no existe, pero el hombre se imagina y cree que existe y que, además, lo protege y cura.
*

La fe es la gran excusa para dejar de pensar.
*

Quizás no podamos probar que Dios no existe, pero al menos podemos concluir que lo más probable es que no exista.
*

La teoría de la Evolución es la única teoría capaz de explicar con mucha seguridad la existencia humana.
RICHARD DAWKINS (1941-   )
Zoologista

Cristo está siendo martirizado en Vietnam.
DOROTHY DAY (1897-1985)
Periodista USA

Lo único que respeto en la vida es la muerte. Es la única esperanza del hombre.
JAMES DEAN
(1931-1955) actor

Si el poder absoluto corrompe absolutamente, ¿dónde deja eso a Dios?
GEORGE DEACON

El diablo tiene más seguidores que Dios.
*
La peor de todas las tiranías es la eclesiástica.
DANIEL DE FOE (1660-1731)
Escritor inglés (Robinson Crusoe)

Dios nos envía los manjares y el Demonio los cocineros.
THOMAS DELAUNEY

No existe nada, excepto los átomos y el espacio vacío. Lo demás sólo son opiniones personales.
DEMÓCRITO (460-370 A.C.)

Creo que Dios tiene un enfermizo sentido del humor, y cuando muera espero encontrármelo riendo.
DEPECHE MODE rockero

Dios es como Santa Claus, un bello mito de la infancia.
*
En el principio no había razones, sólo causas. Nada tenía un propósito, nada tenía una función. No había en el mundo teleología.
DANIEL C. DENNETT

En la vida hay que ponerlo todo en duda, siempre.
RENÉ DESCARTES
(1596-1650) filósofo Francés

Kretzschmar

Cogito, ergo sum

RENATI
DES-CARTES,
MEDITATIONES
DE PRIMA
PHILOSOPHIA
IN QVA DEI EXISTENTIA
ET ANIMÆ IMMORTALITAS
DEMONSTRATVR.

PARISIIS,
Apud MICHAELEM SOLY, viâ Iacobeâ, fub
figno Phœnicis.

M. DC. XLI.
Cum Priuilegio, & Approbatione Doctorum.

51

La única guerra que los cristianos pueden emprender hoy es una guerra contra sí mismos.
LESLIE DEWART

La fe vive del creyente y no al revés, aunque al creyente le guste creerlo así.
KARL-HEINZ DESCHNER
Escritor e historiador Alemán

La filosofía moderna ha acabado con lo sobrenatural y lo dogmático, con que el Cristianismo ha vivido todo el tiempo.
JOHN DEWEY (1859-1952)
Pedagogo y pensador USA

Yo pienso que la difusión del Catolicismo ha significado la más horrible degradación política y social que ha habido en el mundo.
*

Los misioneros son una perfecta porquería que dejan todos los lugares peor de como estaban.
CHARLES DICKENS
(1812-1870) novelista Inglés

DENIS DIDEROT
(1713-1784)
Escritor Francés

La ignorancia queda más lejos de la verdad que los prejuicios.
*

Es tan arriesgado creer en todo, como no creer en nada.
*

El hombre sólo será libre cuando el último rey sea ahorcado con las tripas del último cura.
*

El escepticismo es el primer paso hacia la verdad.
*

Creer o no en Dios no tiene importancia.

H.M.HAINES

MARLENE DIETRICH
(1901-1992)
Actriz Alemana

Las supersticiones son más habitos que creencias.

*

Si hay un Ser Supremo debe estar loco.

MI FE ES DUDAR
Emily Dickinson
(1830-1896)
Poetisa USA

EN MIS PELÍCULAS NUNCA APARECE LA RELIGIÓN. YO NO CREO EN NADA DE ESO...
Walt Disney

©WALT DISNEY

DIÁLOGO ENTRE UN CURA Y UN ESQUIMAL

Esquimal: -Si no sé nada de Dios y del pecado, ¿iría al infierno?
Cura: -No, si lo ignoras.
Esquimal: -¿Entonces por qué me lo dices..?
ANNIE DILLARD (1945-)
Escritora Canadiense

DIOS NO NECESITA NUESTRAS MENTIRAS
León XIII

Cuando observo a los marinos, los hombres de ciencia y los filósofos concluyo que el hombre es el más sabio de los seres existentes, pero cuando veo a los sacerdotes y profetas, veo lo despreciable que puede ser el hombre.
DIÓGENES
Filósofo Griego

Pobre México, tan lejos de Dios y tan cerca de los Estados Unidos.

PORFIRIO DIAZ

Dios es un verbo, no un pronombre.
MICKY DOLENZ
Baterista de The Monkees

En Belfast (Irlanda) la gente reza y repite el Catecismo... y luego va y les echa una bomba a los que no son de su misma iglesia.
PHIL DONAHUE (1935-)
Comentarista TV

....

Sólo creo en el dios del amor.
JOHN DONNE
(1572-1631) poeta

....

No puedo encontrarle un lugar en el cosmos a un Dios producto de la debilidad humana, a un excremento de la imaginación.
GEORGE N. DOUGLAS

● ● ● ● ● ● ● ● ● ● ●

Yo recé durante 20 años y nunca recibí respuesta, hasta que decidí rezar con mis pies.
FREDERICK DOUGLAS
Esclavo negro que escapó

....

JOHN SHOLTO DOUGLAS
(más conocido como Marqués de Queensberry, boxeador)
(1844-1900)
Yo deseo particularmente que cuando me muera no recen tonterías sobre mi tumba, y que me entierren como agnóstico.

SI DIOS HA MUERTO, TODO ESTÁ PERMITIDO.
*

El hombre es capaz de distorsionar la verdad negando la evidencia, sólo para justificar sus creencias.
FYODOR DOSTOIEVSKY
(1821-1881) escritor Ruso

El hombre creó a Dios y al Diablo a su imagen y semejanza; existen, pero como una creación humana.
Dostoievsky

● ● ● ● ● ● ● ● ● ● ● ● ● ● ● ● ●

La historia es la eterna repetición de un modo equivocado de vivir.
LAWRENCE DURRELL
(1912-1989) escritor Inglés

....

JAMES DUFFECY
Un ateo es alguien que, vestido ya de gala, no tiene a dónde ir.

....

No se puede dejar a un lado las leyes naturales y pretender que las serpientes hablen o las mujeres se vuelvan estatuas de sal o que brote agua de las piedras. Esas son sólo tonterías de la Biblia.
SIR ARTHUR CONAN DOYLE
Escritor Inglés creador de Sherlock Holmes

WILLELM B. DREES
(1954-   ) físico Holandés
La tradición no prueba la
existencia de Dios.

A MÍ ME ENSEÑARON A TEMERLE
A DIOS, NO A AMARLO.
GUADALUPE DUEÑAS
(1920-   ) escritora Mexicana

GEORGES DUHAMEL
(1884-1966) escritor Francés
Tengo demasiado respeto por la
idea de Dios como para hacerlo
responsable de un mundo tan
absurdo.

El Cristianismo no destruyó al
paganismo: lo adoptó.
*
Leyendo la forma como la Iglesia
condenó a Baruch Spinoza, dan ga-
nas de vomitar.
WILL DURANT historiador

La teología de la mayoría de las
iglesias negras se basa en reducir a
la gente a un estado de terror
inconsciente mediante la prédica
del infierno y la perdición eterna.
WILLIAM E. DU BOIS
(1868-1963) educador USA

ALEXANDRE DUMAS escritor
Si Dios fuera condenado a vivir como ha condenado a vivir a los
hombres, ya se habría suicidado.

DOS MANOS
TRABAJANDO
VALEN MÁS QUE
MIL REZANDO.
(PROVERBIO RUSO)
+++++++++++++++++

Dzib / La Garrapata

DIOS ES
EL SEXO.
Isadora Duncan
(1878-1927) bailarina

✠✠

UMBERTO ECO (1932-   )

UN SUEÑO ES UNA ESCRITURA… Y MUCHAS ESCRITURAS SON SÓLO UN SUEÑO

Los profetas del miedo están dispuestos a morir por sus ideas, pero prefieren que otros lo hagan antes que ellos y, de preferencia, en vez de ellos.

···································

Hay quien habla de moral, otros de religión…Yo prefiero un poco de decoro.
MARIA EDGEWORTH
(1767-1849) escritora irlandesa

THOMAS ALVA EDISON
Inventor USA
*
Mi mente es incapaz de concebir algo como un "alma". Puede ser un error y el hombre posiblemente tenga un alma: yo no lo creo.
*
Todas las Biblias han sido hechas por el hombre.
*
Todas las religiones son un fraude, pura palabrería.
*
Nunca he visto la más mínima prueba de las teorías religiosas del cielo o el infierno, del más allá o de un Dios personalizado.
*
Pienso que ningún tipo de religión se debe enseñar en las escuelas de los Estados Unidos.
(1847-1931)

No puedo concebir la idea de un Dios que premia y castiga a sus criaturas, o que tiene la voluntad que tenemos nosotros. Ni puedo concebir un ser humano que trasciende su propia vida. Es absurdo.

*

Si la gente se comporta bien sólo por el temor del castigo o por la esperanza de un premio, entonces somos una partida de tontos.

*

Nuestro comportamiento moral en la Tierra es algo que concierne a los humanos, no a Dios.

*

No creo en un Dios personalizado y jamás he negado esto. Lo único que considero religioso en mi forma de pensar es la admiración por el Universo, hasta donde la Ciencia ha logrado explicarlo.

*

No puedo creer que Dios juega a los dados con el Cosmos.

*

La minoría, la clase dominante, tiene bajo su control las escuelas, la prensa y también las Iglesias. Así manejan a las masas a su antojo.

ALBERT EINSTEIN
(1879-1955) genio de la física

¿ DIOS AMA TAMBIÉN AL KU KLUX KLAN ?

● ● ● ● ● ● ● ● ● ● ● ●

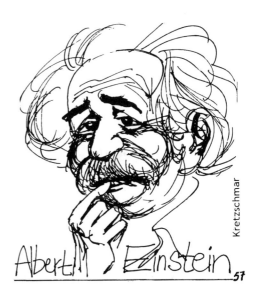

Kretzschmar

Albert Einstein

57

ALBERT ELLIS psicólogo
Toda religión es esencialmente una dependencia infantil. La persona religiosa no tiene realmente puntos de vista propios, y en todos los aspectos de su vida, -el sexo, el matrimonio, sus relaciones familiares, sus negocios, la política, la educación-, DEPENDE de lo que ordenan su Dios y su iglesia.

··

Recordemos únicamente que el Hombre creó a Dios a su propia imagen.
*
Hay una íntima relación entre el fenómeno hipnótico y la religión.
H. HAVELOCK ELLIS
(1859-1939) psicólogo Inglés

RALPH WALDO EMERSON
(1803-1882)
Escritor y filósofo USA
*
Los rezos son una enfermedad de la voluntad y así, sus creencias son una enfermedad del intelecto.
*
¡ Otro mundo ! No existe otro mundo. Todo lo que tenemos es Hoy y aquí.
*
La Ciencia rivaliza con la Mitología en milagros.
*
Las sectas religiosas y los partidos políticos salvan al hombre de la molestia de pensar.

RALPH WALDO
EMERSON

58

¿Tú crees que Dios te hace respirar ?
¿ Y cómo perdió a Seis millones de Judíos ?
Emerson, Lake & Palmer.

SOLAMENTE LOS QUE NO CREEN SON LIBRES
Epícteto (50-140)
FILÓSOFO GRIEGO

Si acaso existen, es obvio que los dioses no se ocupan de nosotros.
*

Si Dios quiere abolir el Mal y NO puede, entonces Dios es impotente; y si puede y NO quiere, entonces es un malvado.
EPICURO (341-271 AC)
Filósofo Griego

GRAL. DWIGHT EISENHOWER (1890-1969)
Un ateo es un tipo que mira un partido de futbol sin importarle quién gane.

De todas las formas de error, la profecía es la más usual.
*
DIOS, INMORTALIDAD, DEBER...qué inconcebible el primero, qué increíble el segundo, qué perentorio y absoluto el tercero.
*
No puedo ser hipócrita y aceptar formar parte de una religión en la que no creo.
*
Saquemos de los Evangelios los imposibles milagros y... ¿qué queda?
GEORGE ELIOT pseudónimo de Mary Ann Evans (1819-1880)
Escritora Inglesa

GEORGE ELIOT

● ● ● ● ● ● ● ● ● ● ● ● ● ● ● ●

MIRCEA ELIADE
(1907- 1998) filósofo Rumano
La sumisión del hombre a lo sagrado es el mayor impedimento que tiene para ser libre. Sólo será verdaderamente libre cuando haya matado al último Dios.

Nuestra literatura es un sustituto de la religión y viceversa.
T. S. ELIOT (1888-1965)
Dramaturgo inglés

Steinberg /The New Yorker

¿ por qué las masas populares del Imperio romano prefirieron esas tonterías -que además fueron predicadas por esclavos y oprimidos- a todas las otras religiones, a tal punto que el ambicioso Constantino vio en la adopción del Cristianismo, de esta religión de tonterías, la mejor manera de ascender a la posición de autócrata del mundo romano.
FEDERICO ENGELS

Vázquez de Sola / España

Los misioneros cristianos querían convencer a los infieles, a sangre y fuego, de la bondad cristiana.
ERIC ERICSON (1902-1994)
Psicólogo Sueco

Susan Ertz / novelista USA
Millones de gentes que buscan la inmortalidad, no saben qué hacer los domingos en la tarde.

La religión sigue siendo una pura cuestión de la mente.
GREG ERWIN

FUE UN HOMBRE MUY SABIO AL QUE SE LE OCURRIÓ LA IDEA DE DIOS.
Eurípides
Filósofo Griego

La mente del hombre está hecha para aceptar más fácilmente lo falso que lo verdadero.
*
Los teólogos buscan en la oscuridad lo que no existe a la luz del sol.
ERASMO DE ROTTERDAM
(1466-1536) filósofo Holandés

● ● ● ● ● ● ● ● ● ● ● ● ● ● ● ● ● ● ● ●

Mi propósito sería convertir teólogos en antropólogos, amantes de Dios en amantes del Hombre, candidatos al otro mundo en estudiosos de éste...

*

Niego la fantástica hipocresía de la teología y la religión, sólo para afirmar la verdadera naturaleza del hombre.

LUDWIG FEUERBACH (1804-1872) Filósofo Alemán

Creo que muchos ministros que dicen haber oído la voz de Dios, han comido demasiada pizza antes de acostarse. Eso no es revelación, eso es indigestión...
JERRY FALWELL pastor protestante

Dzib / México

dzib

61

EL ATEÍSMO ES LA SILLA MECEDORA EN MEDIO DE UN MUNDO DE LOCURAS.
Emmett F. Fields

....

Las plegarias nunca obtienen nada...quizás aporten solaz a los ignorantes, los beatos, los aborígenes o los flojos, pero no a una persona culta. Sería como pedirle a Santa Claus que nos traiga algo para Navidad.

*

Una vez descubrieron al viejo actor leyendo la Biblia, y sólo comentó: "Estoy buscándole pretextos".
W.C.FIELDS
Cómico del cine USA

....

GABRIEL FIGUEROA
Camarógrafo y fotógrafo mexicano

De chico yo era católico practicante porque a Roberto y a mí nos obligaban a asistir a misa todos los domingos. Luego, cuando ya fuimos más grandecitos, ya nunca quisimos regresar a la iglesia. No hicimos la primera comunión ni nada.
A mis hijos tampoco les inculqué la religión.

....

JOHN FISKE (1842-1901)
Filósofo e historiador
El único dios que se lleva con la inteligencia es el dios de la ciencia.

....

Lo sobrenatural NO existe. El hombre tiene la vanidad de creer que todo el Universo fue hecho para él, cuando en realidad todo el Universo lo ignora.
CAMILLE FLAMMARION
(1842-1925) astrónomo

Vivimos, gracias a Dios, una época sin fe.

*

Hay gente que hereda la fe, como hereda la tierra o una cuenta bancaria, una biblioteca o un castillo. Es una fe hereditaria.
ENNIO FLAIANO
Escritor Italiano

....

RICARDO FLORES MAGÓN
Periodista y luchador social.

CAPITAL, AUTORIDAD, CLERO : LA TRINIDAD QUE HACE DE ESTA BELLA TIERRA UN INFIERNO PARA LA CLASE TRABAJADORA.

*

LOS DIOSES SE PUDREN EN LOS LIBROS SAGRADOS.

....

DARÍO FO
Italiano. Premio Nobel de literatura

La verdad es que siempre, en todos los tiempos y en todas las épocas, los obispos han estado del lado de los Señores para crucificar a los pobres desgraciados como Cristo.

*

La única vez que me gustaste, Jesús, fue esa vez que llegaste a la iglesia mientras mercadeaban, y empezaste a pegar a todos con el bastón...¡Ese era tu oficio y no palmar en la cruz !

....

El mito de Santa Claus es el modo más efectivo para intimidar al niño, volverlo mañoso, quitarle su autoestima, trastocarle sus valores y destruirle su pensamiento crítico. A mis hijos nunca les haré creer en ese mito ridículo.
TOM FLYNN escritor

¿DEBEMOS OBEDECER CUALQUIER VIEJO PEDAZO DE PAPEL, O DEBEMOS TOMAR NUESTRAS PROPIAS DECISIONES ?

....

HAY DOS COSAS EN EL MUNDO QUE NO PUEDEN IR NUNCA JUNTAS: RELIGIÓN Y SENTIDO COMÚN.
George W. Foote

....

No creo en ninguna religión. Creo en la tolerancia, el buen humor y la simpatía.

*

PENSAR EN LA MUERTE SALVA AL HOMBRE; PENSAR EN DIOS LO ANGUSTIA.
E.M.FORSTER (1879-1970)
Novelista Inglés

....

Para muchos, Dios es un *office boy* al que podemos pedirle cosas apretando un botón.
H.E.FOSDICK

Echad los prejuicios por la puerta;
volverán a entrar por la ventana.

*

Dios está siempre con los
ejércitos más poderosos.

*

Las religiones son los ídolos de las
masas: adoran todo lo que no
entienden.

*

No hay cosa más absurda y repulsiva
que la que practican los católicos al
comerse a su Dios. Es lo máximo de
locura que he conocido.
**FEDERICO EL GRANDE
(1712-1786) Rey de Prusia**

● ● ● ● ● ● ● ● ● ● ● ● ● ● ● ●

Levine / The New York Times

FEDERICO FELLINI
Director de cine

*

La verdadera religión debería ser una
que liberara al hombre. Pero las
iglesias no quieren que el hombre sea
libre, pues entonces pensaría por él
mismo y buscaría a un dios dentro de
él. Cuando una religión se institucio-
naliza, deja de ser una experiencia
religiosa y se convierte en superstición y enajenación.

· ·

La esperanza por el progreso del
hombre radica en aceptar la propia
ignorancia y admitir la duda.

*

Dios fue inventado para explicarnos
los misterios de la vida que
no entendemos.
RICHARD P. FENYMAN
64 **Premio Nobel de Física**

**FRANCISCO FERRER
(1859-1909) educador Español
NO HAY DIOS**

*

Cuando Dios y los que lo explotan dejen de ser adorados y respetados,
viviremos como personas libres y
en afecto.

*

La escuela debe ser libre de dogmas
religiosos, prejuicios y fanatismos.

La casualidad es el seudónimo
de Dios cuando no quiere firmar.
*

Aunque 50 millones crean una
tontería, sigue siendo tontería.
*

La impotencia de Dios
es infinita.
*

La religión le ha hecho un gran
favor al amor declarándolo
Pecado.
ANATOLE FRANCE
(1840-1908)
Novelista Francés

ANATOLE FRANCE, *1844-1924*

SOY CAUDILLO DE ESPAÑA
POR LA GRACIA DE DIOS
*

Los españoles caminamos en la
verdad porque España está unida
a la santa madre Iglesia, que dis-
fruta de la particular bendición
de Dios.
FRANCISCO FRANCO
(1892-1973)
Traidorcete Jefe de Estado-

Ser tolerante no significa compar-
tir las creencias de los demás,
sino aceptar el derecho de los
demás -y el mío- a creer o no
creer lo que queramos.
VICTOR FRANKL
(1905-1997)
Psquiatra Austríaco

Si Dios quería que la gente creyera
en él, ¿por qué nos dio lógica ?
DAVID FEHERTY golfista

JAMES FLEIBMAN filósofo
Un mito es una religión en la que
ya nadie cree.

WILLIAM FAULKNER
(1897-1962) novelista USA
*

Mi padre me dijo que el objetivo de
vivir es prepararse para morir.

Cristo -dicen- murió por nuestros
pecados. ¿ Perderá significado su
martirio si no los cometimos ?
JULES FEIFFER cartonista USA

PARA VER CON LOS OJOS DE LA FE,
HAY QUE CERRAR LOS OJOS DE
LA RAZÓN.

NO HE SIDO CAPAZ DE ENTENDER LOS
DOGMAS DEL CRISTIANISMO.

LOS FAROS SON MÁS ÚTILES
QUE LAS IGLESIAS.

LO ÚNICO REAL EN ESTE MUNDO ES
LA MUERTE Y LOS IMPUESTOS.

El Rvdo. Whitefield rezó por mi conversión, pero nunca tuvo la satisfacción de que sus plegarias fueran escuchadas.
**BENJAMIN FRANKLIN
(1706-1790)**
Filósofo, físico y político USA
....

Únete o muere, grabado en madera, 1754; Benjamín Franklin.

Benjamin Franklin

Finn Graff / Noruega

Algunas de las antiguas leyes de Israel son sólo salvajes tabúes que algunos confunden con mandatos divinos.
**JAMES G. FRAZER (1854-1941)
Antropólogo y autor de
La Rama Dorada.**

DIOS NUNCA
MUERE
(canción mexicana)
****

SIGMUND FREUD
(1856-1939) Austriaco, Padre de la Psiquiatría moderna

Sería muy bueno que hubiera un Dios creador del mundo y que fuera el benefactor y proveedor de todo, y que hubiera un orden moral en el Universo y un mejor más allá. Pero eso es exactamente lo que todos *deseamos*.

*

Los demonios y los dioses no existen y son sólo producto de la actividad psíquica del hombre.

*

POR ENCIMA DE TODO, DIOS NO ES MÁS QUE UN PADRE EXALTADO.

Las ideas religiosas no son producto de la experiencia, ni resultado de la reflexión; son ilusiones, realizaciones de los más antiguos deseos.

*

LA RELIGIÓN ES COMPARABLE A UNA NEUROSIS INFANTIL.

*

En la medida en que los frutos del conocimiento lleguen al hombre, más irán desapareciendo las creencias religiosas.

Leopoldo Méndez / México

Perdóname Señor los pequeños chistes que te hice... Y yo te perdono el gran chiste que hiciste conmigo.

*

*Volteé a hablar con Dios
sobre el desesperado mundo,
pero para empeorar las cosas
resultó que Dios no estaba.*

**ROBERT FROST (1874-1963)
POETA USA**

La religión es sólo una forma de literatura que puede considerarse literatura de ficción.

HERMAN NORTHTROP FRYE
(1912-1991) crítico Canadiense

La fe es mejor que la creencia. La creencia es cuando alguien piensa POR nosotros.
**B. BUCKMINSTER FULLER
(1895-1983) inventor y filósofo**

**ERICH FROMM (1900-1980)
Psicólogo Alemán**

DIOS HA SIDO DADO DE BAJA COMO CREADOR DEL MUNDO.

*

La moral de la Biblia se predica, pero NO se practica.

*

SI LA FE NO PUEDE RECONCILIARSE CON EL PENSAMIENTO RACIONAL DEBE SER ELIMINADA COMO UN ANACRONISMO CADUCO QUE VIENE DEL PASADO Y REEMPLAZADA POR LA CIENCIA.

*

Dios se ha convertido en una hipótesis y el relato de la creación del mundo y del Hombre, en un mito, en un poema, en un símbolo, pero NO constituyen una verdad científica.

68

Dios no ha muerto: hoy
he hablado con Él.
BILLY GRAHAM
Predicador Evangélico

●●●

NO PERMITAS QUE LA IGLESIA O EL
ESTADO GOBIERNEN TUS PENSAMIEN-
TOS O DICTEN TUS JUICIOS.
Matilda Joslyn Gage
(1826-1898) feminista

....

SI LA BIBLIA FUERA LÓGICA Y SIN FÁBU-
LAS NI CONTRADICCIONES, NO HUBIERA
TENIDO TANTO ÉXITO.
John Kenneth Galbraith
(1908-   ) economista USA

....

E PUR
SI MUOVE

GALILEO

GALILEO GALILEI

Las religiones no pueden enseñártelo
todo, sólo pueden ayudarte a
encontrarlo por ti mismo.
*

No me siento obligado a creer que el
mismo Dios que nos proporcionó los
sentidos, el uso de la razón y la inteligencia, intente que nos olvidemos de
usarlos.
*

Pienso que en la discusión de problemas de la naturaleza no podemos
basarnos en las Escrituras, sino en
experiencias, pruebas y demostracio-
nes científicas.
*

Me es muy difícil aceptar como herejía
algo que está comprobado.

**Astrónomo, físico y matemático
italiano (1564-1642) acusado por la
Inquisición de herejía, fue obligado a
retractarse de sus teorías contrarias
a la Biblia y condenado a prisión
perpetua. Apenas en 1996 fue reha-
bilitada su memoria por el Vaticano.**

69

Naranjo / México

GEORGE GALLUP
Inventor de encuestas
Las creencias religiosas declinan en la
medida que avanza la educación.
Hemos notado que los católicos ya no
votan por quien quieren sus obispos.

La religión está siendo substituida por
el Servicio Social. Eso es bueno.
JOHN GALSWORTHY
(1867-1933) novelista Inglés

GABRIEL GARCÍA MÁRQUEZ
Escritor Premio Nobel

HELEN H. GARDNER
No hay un libro que hable tanto de un
monstruo de maldad, crueldad y venganza como el Jehová bíblico. Aunque
el Nuevo Testamento que presenta a
su nuevo Dios armado de un infierno y
la amenaza de un eterno sufrimiento,
no va muy atrás...

MAHATMA GANDHI
(1869-1948)
Me gusta su Cristo, pero no me gustan
los cristianos. No se parecen en nada
a Cristo.
*
Cuando leo el Evangelio me siento cristiano, pero cuando veo a los cristianos
hacer la guerra, oprimir a los pueblos
colonizados, enriquecerse, emborra-
charse y fumar opio, me doy cuenta
que no viven según el Evangelio.
Creer en algo y no vivirlo, es inmoral.

No hay mito más insultante para las mujeres que el de la "creación" de Eva a partir de una costilla de Adán.

*

Es impío y hasta blasfemo predicar en un Dios limitado e imperfecto, que no puede respetar sus propias leyes para llevar a cabo "milagros" que son sólo violaciones absurdas a las leyes "divinas".

Martin Gardner científico USA

GIUSEPPE GARIBALDI
(1807-1882) patriota Italiano

El sacerdote es la personificación de la maldad.

*

El hombre creó a Dios, no Dios al hombre.

- Señora, ¿cuánto tiempo tienen que cocer los huevos pasados por agua?

Reza un credo y los retiras.

- Es que yo soy comunista.

Entonces, en lugar del credo, canta la Internacional.

Miguel Gila / España

MIGUEL GILA
Humorista Español
Nunca he creído en el cielo, el infierno o el purgatorio, aunque estoy casi seguro de que hay un Más Allá.

Helio Flores / La Garrapata

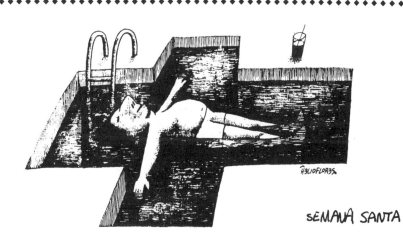

SEMANA SANTA

El escepticismo atrae a poca gente. Las mayorías prefieren seguir con sus supersticiones.
EDWARD GIBBONS
(1737-1749) historiador Inglés

....

NO HAY DIOSES NI DEMONIOS, NI ÁN- GELES, CIELO O INFIERNO. SÓLO HAY EL MUNDO NATURAL. LA RELIGIÓN ES SÓLO MITO Y SUPERSTICIÓN, QUE ENDURECE LOS CORAZONES Y ESCLAVIZA LA MENTE.
Anne Nicol Gaylor

....

El Cristianismo empieza por hacer que la gente se sienta infeliz, para así poder tener dominio sobre ella. La gente feliz NO necesita consuelo.

*

Cree en aquellos que buscan la verdad y aléjate de los que están seguros de haberla encontrado.

ANDRE GIDE (1869-1951)
Escritor francés Premio Nobel

DIOS NO CUMPLE NI AÑOS

No soy alguien que acostumbre ir a la iglesia. No creo mucho que digamos en lo que predica el Cristianismo. Prefiero hacer otras cosas el domingo en la mañana.
BILL GATES Microsoft

¿Qué glorioso puede ser que un Ser omnipotente martirice a una pequeña criatura indefensa? Se parecería a un hombre quemando a una hormiga.

*

Sí hay un cielo: que la gente crezca en amor y armonía en este mundo.
CHARLOTTE P. GILMAN (1860-1935) novelista USA

....

JEAN GIRADOUX (1882-1944) dramaturgo Francés
Se aplica el nombre de "milagro" cuando Dios bate sus récords. Los curas piden milagros y a veces los inventan, por la propia lógica que dice que en tiempos de hambre y muerte, la razón está con ellos. En esos tiempos, la gente tiende a creer más en lo sobrenatural; lo que no ocurre cuando les va bien a todos.

Yo   no   sé   nada
Tú   no   sabes   nada
Ud.   no   sabe   nada
Él   no   sabe   nada
Ellas   no   saben   nada
Uds.   no   saben   nada
Ellos   no   saben   nada
nosotros   no   sabemos   nada.
La desorientación de mi generación tiene su explicación en la dirección de nuestra educación, cuya
idealización de la acción, era —¡sin discusión!—
una mistificación, en contradicción
con nuestra propensión a la me-
ditación, a la contemplación y
a la masturbación. (Gutural,
lo más guturalmente que
se   pueda.)   Creo   que
creo   en   lo   que   creo
que   no   creo.   Y   creo
que   no   creo   en   lo
que   creo   que   creo.

Nadie puede llamarse católico sin llevar
bien reblandecidas las tres cuartas partes de la masa cerebral.

*

Con el Catolicismo no se avienen los
términos medios: si no se le acepta en
globo, se le rechaza en bloque.

*

Sí: fuera de la Iglesia Católica no hay
salvación, y tampoco hay ciencia, virtudes, ni honorabilidad.

*

Nos reímos de los pobres egipcios que
hacían nacer a sus dioses en los huertos
o jardines, pero tratamos con seriedad
y respeto a los que sacan a su Dios de la
panadería. ¿Cabe mucha diferencia
entre divinizar a una lechuga y adorar
un disco de migajón ?

MANUEL GONZÁLEZ PRADA
(1844-1918) escritor Peruano

NO VEO
NINGÚN DIOS
POR ACÁ
ARRIBA

Yuri Gagarin
2o. Astronauta
Ruso
(1934-1968)   73

Todos los hombres somos falibles,
excepto -no sé por qué- los
hombres de la Iglesia.
WILLIAM GODWIN
(1756-1836) literato Inglés

....

JOHANN WOLFGANG GOETHE
(1749-1832)
Poeta, dramaturgo y polígrafo
*

LA RELIGIÓN ESTÁ HECHA PARA LOS
RICOS Y PARA SEÑORAS QUE NO TIE-
NEN NADA QUE HACER.
*

LO ÚNICO QUE RESPETO Y VENERO
ES LA NATURALEZA.
*

MIENTRAS MÁS CONOZCO, MÁS DUDO.
LA DUDA CRECE CON EL
CONOCIMIENTO.
*

NO ME PREOCUPA DEMASIADO QUE LAS
MUJERES SEAN O NO RELIGIOSAS: LO
QUE ME ATERRA ES QUE ELLAS EDU-
CAN A LOS NIÑOS EN TODO EL MUNDO.
*

HACED TRATOS CON ROMA Y AL FINAL
SALDRÉIS PERDIENDO.

VINCENT VAN GOGH
(1853-1890) pintor Holandés

Me la puedo pasar muy bien sin Dios
en mi vida y mi pintura, pero no puedo vivir sin el poder de crear.

....

NO CREO EN DIOS PORQUE CREO EN EL
HOMBRE. PESE A SUS ERRORES, EL
HOMBRE PUEDE LLEVAR A CABO LO
QUE NO HIZO DIOS : UN
MUNDO MEJOR.
*

EL CRISTIANISMO ESTÁ MARAVILLOSA-
MENTE PLANEADO PARA ESCLAVIZAR A
LA GENTE Y FRENAR EL PROGRESO.
Emma Goldman, escritora USA

....

MAURICIO GLEZ. DE LA GARZA
Escritor Mexicano
Dios no es un opio, sino un instrumento que los capitalistas utilizan como
fuerza política para mantener someti-
dos a los trabajadores.

«Petrus, schieb mal einige Wolken vor – das stinkt wieder
verflucht nach Benzin!»

Gulbranson / Simplicissimus

74

La Verdad es la única divinidad del hombre libre. La religión de los esclavos y los esclavistas es la mentira.
MAXIMO GORKI
Escritor Ruso

Максимъ Горькій вернулся въ Россію!

Una mentira repetida 100 veces, se convierte en verdad.
Joseph Goebbels

Las alucinaciones e ilusiones no sirven de nada en la investigación científica
GORA (Shri Goparaju Ramachandra) asistente de Gandhi (1902-75)
....
T. H. GOUDLEY
Biólogo Inglés
El nacimiento de la Ciencia fue la muerte de las supersticiones.
....
COLIN GORDON
Educador Australiano
Un niño, después de oír dos años las tonterías del Catecismo, queda vacunado contra la religión.
....
Si quieres tener una gran religión, debes verla como un negocio y trabajarla como un negocio.
MARJO GORTNER
Predicador evangélico
....
STEPHEN JAY GOULD
Científico USA
Es ridículo el argumento de quienes todavía creen que el Génesis explica la Creación en forma creíble, diciendo que todos los fósiles son producto del Diluvio del Arca de Noé o que sólo explican la Creación del mundo en base a "milagros" de un Dios Todopoderoso, para el que no hay nada imposible.¿Cómo es posible que un profesor universitario crea eso ?

IDENTIDAD - SI DE CASUALIDAD UN FANÁTICO DEJA UNA CREENCIA, ADOPTA OTRA INMEDIATAMENTE.

¡QUÉ SUERTE QUE ME LIBERÉ DE LA RELIGIÓN: ME HARÉ ATEO Y RECORRERÉ EL MUNDO ANUNCIANDO LA INEXISTENCIA DE DIOS!

Jis / México

De todas las aberraciones sexuales la más peculiar que he oído es la castidad.
REMY DE GOURMONT (1858-1915) novelista Francés

....

ULISES S. GRANT (1822-1885) General USA de la Guerra Civil
Conservemos separadas para siempre la Iglesia y el Estado.
Y yo sugeriría que se les cobren impuestos a las Iglesias, como a cualquier otro negocio.

....

Ninguna Biblia, con todas sus enseñanzas morales y religiosas alcanza la altura de una mente inteligente.
KERSEY GRAVES (1813-1883) escritor USA

....

GRAHAM GREENE (1904-1991) novelista Inglés
Herejía es otro nombre que recibe el libre pensamiento.

HORACE GREELEY (1811-1872) editor USA
Toda la doctrina del Cristianismo se puede encontrar en los VEDAS.

....

LA FE ES LA ANTÍTESIS DE LA PRUEBA.
Juez Edward J. Greenfield

....

RUTH H. GREEN (1915-1981) feminista
Estoy orgullosa de decir que leyendo la Biblia me volví atea.

*

Es posible imponer a otros tu voluntad: sólo llámala "voluntad de Dios".

....

**EL PAPA DICE QUE NO PUEDE HABER MUJERES CURAS PORQUE EN LOS TIEMPOS DE JESÚS NO LAS HABÍA...¡PERO TAMPOCO HABÍA PAPAS, SEÑOR!
E.L.Gregory**

Simplicissimus

Es extraño, pero no me puedo imaginar creyendo en ninguna de las religiones conocidas.
KATE GREENWAY
(1846-1901) ilustradora de libros infantiles

....

SOY ATEA CON UN POQUITO DE BUDISMO.
Rachel Griffiths
Actriz Australiana

....

Pueden prohibir y quemar los libros, pero las ideas jamás pueden ser encarceladas.
ALFRED W. GRISWOLD
(1906-1963) Educador y presidente de la Univ. Yale

....

Detrás de la religión está la tiranía, detrás del ateísmo, la libertad.

PRAXEDIS GUERRERO
Anarquista Mexicano

De hecho, si el mismo Cristo se cruzara en mi camino, yo, como Nietzsche, no dudaría en pisarlo como un gusanito.

ERNESTO CHE GUEVARA
Médico y guerrillero

No es necesario volvernos religiosos o creer en alguna ideología. Todo lo que necesitamos es desarrollar nuestras cualidades humanas. Yo trato a todos como si fuéramos viejos amigos. Eso me hace muy feliz.
DALAI LAMA

HAY QUE RECHAZAR HASTA LAS PALABRAS DE BUDA, SI NO SE APEGAN A UNA REALIDAD COMPROBADA CON LA INVESTIGACIÓN
Tenzin Gyatso
(DALAI LAMA)

La principal objeción que tiene el hombre pensante contra la religión, es que no es verdadera, ni sana.

*

El temor a los dioses y los demonios es una de las peores degradaciones de la mente humana.

*

"DIOS" es sólo una palabra como tantas otras creadas por el Hombre.

*

La creencia en dioses es idéntica a la creencia en fantasmas. Dios se ha convertido en una palabra más respetable que "fantasma", pero no significa más.

*

Si realmente existe Dios, ¿por qué no se ha revelado claramente y prefiere permanecer escondido? Esta desaparición de Dios es la mayor prueba de su no-existencia.

*

Millones de cristianos todavía basan su creencia en un libro, la Biblia, en el que resulta imposible creer. Si no se cree en la Biblia, ¿cómo creer entonces en Dios?

*

E. HALDEMAN-JULIUS
(1889-1951) filósofo USA

No hay nada más grande sobre la tierra que el Hombre, y en el Hombre no hay nada más grande que su mente.

*

WILLIAM HAMILTON (1788-1856)
Filósofo Escocés

....

El dios que creó a las moscas para que molestaran a los perros, es el mismo que creó a los fundamentalistas para que molestaran a los racionalistas.
GARRETT HARDIN

....

He estado buscando a Dios por más de cincuenta años y creo que si existiera ya lo hubiera encontrado.
THOMAS HARDY (1840-1928)
Novelista y poeta Inglés

****
CUANDO SE CREE QUE DIOS HA MUERTO, DIOS MUERE.
****

La religión es la gran tontería de la humanidad y su peor castigo.
KEVIN HARRIS

....

Jesús es sólo una palabra que uso para jurar con ella.
RICHARD HARRIS actor

Dios no sólo juega a los dados. A veces los lanza donde no los vemos.

*

Mi meta es simple : llegar a entender el Universo.

*

No es necesario recurrir a Dios para explicarnos el Universo. Esto no prueba que no exista, simplemente que Dios no es necesario.

STEPHEN HAWKING
Físico y astrónomo

....

Nadie ha podido darme una razonable explicación de lo que es Dios, por lo que no puedo negarlo ni afirmarlo.
F. A. HAYEK

....

No necesitamos a los clérigos para ser religiosos, igual que no necesitamos a los políticos para ser patriotas.
JOHN HAYNES HOLMES
Clérigo y editor

La mayor fuerza civilizadora sobre la tierra es el sexo, no la religión.

*

HUGH HEFFNER
Editor de Playboy

....

EL INFIERNO ESTÁ RESERVADO ÚNICAMENTE PARA LOS QUE CREEN EN ÉL.
H. B. T.

....

HEGEL :
Dios, si lo hay, es la cloaca en donde flotan todas las contradicciones.

....

DIOS ME PERDONARÁ SI NO CREO EN ÉL: ÉSE ES SU NEGOCIO.

*

Cristo montó sobre un asno, pero hoy los asnos montan sobre Cristo.
HEINRICH HEINE

Dzib / La Garrapata

79

El hombre escoge si quiere vivir en la fe o en la razón, pero no podemos vivir en las dos al mismo tiempo.

*

La religión hace felices sólo a los débiles.

*

La teología de un hombre es el hazmerreír de otro.

*

El que cree en una Santísima Trinidad y afirma que su religión es monoteísta, puede creer en cualquier cosa.

*

Robert A. Heinlen

....

Yo creía en un Dios bueno, un Dios misericordioso, no en el Dios cruel y estúpido en que lo han convertido.

*

Dios se ha olvidado de todos nosotros.

*

JOSEPH HELLER
Novelista

80

Todos los que piensan son ateos.

*

No sólo NO creo en Dios; pienso que cualquier religión es un impedimento para ser felices.

*

ERNEST HEMINGWAY (1899-1961)

Hirschfield

Es absurdo sentarse en una reunión y discutir tus creencias religiosas como si fueran un sabroso chisme.

*

LILIAN HELLMAN
Escritora USA

....

SOY INCRÉDULO, LO QUE ME PESA. A VECES, POR JUGAR, DIGO QUE SOY ATEO DE DÍA Y CREYENTE DE NOCHE.

*

ANDRÉS HENESTROSA
Escritor Mexicano

....

"París bien vale una misa."
Dicho por el Duque de Navarra al convertirse en católico y renunciar al Protestantismo, para salvar a París de la destrucción.

....

Soy atea y así es la cosa. No creo en nada que no entienda y sólo estoy convencida de hacer lo que pueda por los demás.

*

KATHERINE HEPBURN
Actriz

....

LA PEOR FORMA DE ENTENDER ALGO ES PONIÉNDOSE DE RODILLAS.
Frank Herbert Dune
Escritor

Yo pienso seriamente que estoy siguiendo al Creador Todopoderoso. Separando a los judíos estoy luchando por Dios y su obra. ¡Qué dura fue la lucha del Señor para acabar con la ponzoña judía ! Hoy, después de dos mil años, con gran emoción, reconozco más profundamente que antes, que fue por eso que dio su sangre en la Cruz. Y como Cristiano no puedo engañarme a mí mismo y debo llevar adelante mi lucha por la verdad y la justicia...

*

Soy católico y seguiré siéndolo mientras viva.

ADOLF HITLER

LA RELIGIÓN ORGANIZADA ES COMO EL CRIMEN ORGANIZADO. SE BASA EN LA DEBILIDAD DE LA GENTE, GENERA ENORMES GANANCIAS Y ES CASI IMPOSIBLE DE SER ERRADICADA.
Mike Hermann

Maurice Henry

La Véronique

Creo en tratar a los demás como ellos me tratan, pero no creo en eso de ofrecer la otra mejilla. No he conocido a ningún cristiano que lo haga.
JAMES HARVEY JOHNSON

Cada pueblo tiene la ingenua convicción de ser la mejor ocurrencia de Dios.
THEODOR HERZL
Fundador del Sionismo

Todas las religiones basan su moral en una clase de obediencia que podríamos llamar "esclavitud voluntaria".

*

El soñador de Nazareth sólo contribuyó al crecimiento del odio contra su propio pueblo... ¡Qué de fanatismo y superstición se ha dado en ambos lados !

*

ALEXANDER HERZEN
Escritor y político Ruso

NAZIM HIKMET (1902-1963)
Poeta Turco

ALFRED HITCHCOCK
(1899-1980) director de cine
Al ver a un niño hablando con un cura le gritó: "¡Corre niñito, corre por tu vida !"

Es incongruente que mientras más viejos nos hacemos, más nos refugiamos en la religión. Mientras más nos acercamos a la tumba, empezamos a creernos inmortales.
EDWARD HOAGLAND
Novelista USA

El Papado no es más que el fantasma del fenecido Imperio Romano, coronado y sentado sobre su tumba.
THOMAS HOBBES
(1588-1679) filósofo

Homo homini lupus

Maurice Henry / Francia

JESÚS NUNCA FUE TOLERANTE: LA TOLERANCIA NO VA CON EL MENSAJE CRISTIANO.

Soy un cínico al que
Dios ni le va ni le viene.
*
La fe absoluta corrompe igual que el poder absoluto.
*
ERICH HOFFER (1902-1983)
Filósofo

PAUL HENRY THIRY
(Barón de Holbach)
*
Si la ignorancia de la Naturaleza creó a los dioses, su conocimiento acabará con ellos.
*
La teología no es más que la ignorancia convertida en sistema.
*
Todos los niños son ateos: no saben nada de Dios.
*
Las religiones modernas sólo son una parodia de las antiguas, monumentos a la ignorancia, las barbaries y las supersticiones.

Dios le da a cada ave su alimento, pero no se lo pone en el nido.
JOSIAH G. HOLLAND
(1819-1881) escritor y editor

Antes de colonizar otros planetas hay que estar seguros de que no hay ningún Dios en ellos.
R.J.HOLLINGDALE escritor Inglés

La vida termina en sí misma. La única pregunta es si vale la pena vivir y cuánto.
*
OLIVER WENDELL HOLMES
(1841-1935) jurista

Los dioses se han marchado; nos quedan el pan y el vino.
JOHANN HÖLDERLIN
(1770-1843) filósofo

NO CREO QUE EXISTA ALGO QUE PUEDA LLAMARSE DIOS.

George Jacob Holyhoake (1817-1906) reformista Inglés

Autocaricatura del Dr. Oliver Wendell Holmes.

Cierta porción de la raza humana ha tenido el buen gusto de seguir pensando pese a todo.
*
Negarme el derecho a equivocarme es por tanto negarme el derecho a creer.
THOMAS HOOD
(1789-1845) poeta Inglés

SIDNEY HOOK:
Las doctrinas religiosas constituyen sólo una hipótesis especulativa sobre un orden muy bajo de probabilidad.

No sé cómo le hizo Dios. Para mí es terriblemente duro.
JOHN HOUSTON
Director de cine

La religión es sólo un intento desesperado de encontrar un escape a la pobre realidad en que vivimos.
SIR FRED HOYLE
Astrónomo y matemático Inglés

Un milagro es algo descrito por alguien a quien se lo contó uno que no lo vio.
*
¡Dádnos una religión que nos ayude a vivir ! Para morir, no necesitamos ayuda...
*
El Cielo es el Parque de Atracciones de la imaginación cristiana.
*
ELBERT HUBBARD
Editor y publicista

83

DOLORIDO CANTO A LA IGLESIA CATÓLICA Y A QUIENES EN ELLA SUELEN CONFIAR

Bendito sea el temor escalofriante.
Y bendito tu nombre, Jesucristo,
varón a sangre y fuego, látigo y maldición. Bendito sea tu nombre, como
maldito es, bajo el polvo de siglos,
el crujir de sotanas (águilas de rencor y
lascivia); como maldito es
el amargo murmullo de los rezos;
como maldito es el vaho tremendamente sepulcral del incensario;
como maldito es en esta tierra
el horrendo lebrel que a dinamita pura
vuela el templo evangélico.
Bendito seas, hermoso Jesucristo
a la orilla del lago,
y santa tu palabra de bondad y miseria.

Llevamos 6000 años de creer en el
destino de las estrellas.
  Lo sabe el Santo Padre, lo sabe Merle
Oberon, lo sienten en carne viva
los viejos judíos que agonizan al pie del
muro. Y sin embargo, oh hermanos,
"la espada del Señor está llena
de sangre. Se ha hartado de las grasas
de los riñones de los carneros".
Y vosotros, sacerdotes, arzobispos,
criminales curas de pueblo, histéricos
cuervos de la colonia San Rafael,
envenenados habitantes del mal,
os bebéis las lágrimas de un Cristo
mutilado, seguís distrayendo la
moneda del artesano, tomáis al hombre,
ensombreciéndolo,
entristeciéndole para siempre, y lo
dejáis a media calle, deshecho, con una
piedra de terror hundida en el alma.
El Día de la Ira rendiréis cuentas claras...
Y ese Día es, felizmente, todos los días,
todas las horas de este país nuestro
que vosotros martirizáis sin descanso,
expoliándolo, carcomiéndolo lentamen-
te hasta las llagas.
Sois malditos por naturaleza. Pequeños
y grandes malditos de corazón,
habéis traicionado a la Patria
un millón de veces y todavía sonreís
y clamáis al cielo y a los banqueros.
  Pero no habrá perdón para vosotros,
jamás habrá perdón para vosotros,
asesinos de la luz,
cercenadores de la piedad, máscaras
del embuste, fabricantes de lascivia.
No habrá perdón para vosotros.

EFRAÍN HUERTA (1914-1975)
Poeta mexicano

LA MEJOR FORMA DE HACER DINERO ES FUNDAR TU PROPIA RELIGIÓN. TODAS LAS RELIGIONES SON FRAUDE.
Ron L. Hubbard
Fundador de la Cienciología

....

Encontré mejor a Dios en los burdeles que en las iglesias.
LANGSTON HUGHES (1902-1967) poeta y escritor

....

Cada paso de la inteligencia se da a pesar de los curas.
*

En todos los pueblos hay una antorcha: el maestro, y un extinguidor: el cura.
*
VICTOR HUGO

....

A la mejor la Tierra es el Infierno de otro planeta.
*

La inmensa mayoría de los seres humanos no aceptan nada con lo que no estén familiarizados. Es por eso que los innovadores, en todos los campos del pensamiento, han sido perseguidos y acusados de tontos y locos.
*

Los animales no practican las horribles y tontas cuestiones de magia y religión. Sólo el Hombre, el dicho único animal inteligente, cree en esas estúpidas tonterías. Es el precio que paga por ser inteligente.
**ALDOUS HUXLEY (1894-1963)
Novelista y ensayista**

Generalmente hablando, los errores que puede haber en filosofía son ridículos, pero los que hay en la religión son peligrosísimos.
*

No hay nada que no pueda ser plenamente probado: los milagros no existen en la naturaleza. Ninguna persona con uso de razón puede creer en ellos.
DAVID HUME Filósofo Inglés

Levine / The New York Times

Chumy Chumez /España

−¿Y por qué no se ocupa ese cierto clero joven de las diferencias sociales que hay entre los querubines y los arcángeles. pongo por ejemplo?

JULIAN HUXLEY
(1887-1975) filósofo Inglés
*

Filosóficamente hablando, Dios es sólo un producto de la mente humana.
*

Los hechos no desaparecen por el hecho de ser ignorados.
*

Es enorme la placidez espiritual que viene al rechazar la idea de un Dios todopoderoso.

El peor pecado del hombre es creer en algo sin tener las evidencias.
*

La versión bíblica de la Creación de Eva es una fábula absurda.
*

El dogma de la infalibilidad de la Biblia es tan tonto como el de la infalibilidad del Papa.
*

THOMAS HUXLEY (1825-1895)
Biólogo evolucionista Inglés

TARIFA DE SERMONES

Los indios.—Pos siñor pagre, venimos á ver, á su mercé pa que nos haga el sermón pa la festividá de nuestro padre Señor San Sebastián.
El cura.—¡De á cómo quieren el sermón, hijitos? Tengo desde á tres pesos para arriba hasta los que hacen llorar que valen 50.
Los indios.—Pos de los que hacen llorar, siñor pagrecito.

Mtez. Carrión / México

86

ROBERT G. INGERSOLL
(1833-1899)
Político racionalista USA

Las manos que trabajan son mejores que las manos que rezan.

*

Ningún hombre con algún sentido del humor ha fundado nunca una religión.

*

El bautismo sería una buena cosa con un poco de jabón.

*

Discutir con un hombre que ha renunciado al uso de la razón, es como darle medicina a un muerto.

*

Si todos los libros históricos de la Biblia fueran borrados de la memoria de la Humanidad, no se perdería nada.

Un creyente es un pájaro enjaulado; un libre pensador es un águila surcando los cielos.

Un buen maestro es mejor que 100 curas.

*

En todos los tiempos, los hipócritas llamados sacerdotes han puesto coronas sobre las cabezas de los ladrones llamados reyes.

*

La inspiración de la Biblia depende de quién la está leyendo.

*

El hombre que no piensa por sí mismo es un esclavo. Y un traidor a sí mismo y al resto de la Humanidad.

*

Si Cristo de veras dijo "No he venido a traer la paz sino la espada", sería la única profecía del Nuevo Testamento que ha sido puesta en práctica.

*

La Iglesia Católica nos enseña que podemos hacer feliz a Dios siendo nosotros miserables.

*

Nuestra civilización no se basa en la fe sino en el ejercicio del pensamiento libre.
....
Si creyera todo lo que dicen los curas, me hubiera vuelto loca.

RUTH IBÁÑEZ amiga del autor 87

He vivido agradeciéndole a Dios que no haya contestado mis plegarias.
JEAN INGELOW
Poeta y escritor Inglés

En nombre de la religión torturan, persiguen y matan a la gente y dicen que el fin justifica los medios. Yo creía que el fin era amar a los hombres.
EUGENE IONESCO
Dramaturgo

No se necesita ninguna religión para mejorar a un país. Prefiero la ciencia a las supersticiones.
HIROBUMI ITO
(1841-1909)
Primer Ministro japonés.

LA IGLESIA ES COMO UN CAMALEÓN, QUE CAMBIA DE COLOR SEGÚN LE CONVIENE (ANÓNIMO)

Usad contra los herejes la espada espiritual de la excomunión, y si no resulta efectiva, usad entonces la espada material.
PAPA INOCENCIO III
(1161-1216)

Bechkov / Bulgaria

©1985 Eneko / Nueva Sociedad

88

Cuando un perro
le ladra a la luna,
es religión. Pero
si le ladra a un extraño,
es patriotismo.
D.S.JORDAN

● ●

El *Padre Ubú*, según Pablo Picasso

Dios es el punto de la tangente entre
el cero y el infinito.
ALFRED JARRY
(1873-1907) escritor Francés,
autor de Ubu Roi.

· ·

ENRIQUE JARDIEL PONCELA
(1901-1952)
Autor de la novela humorística
"La tourné de Dios"

· ·

KARL JASPERS
(1883-1969)
La idea de un Dios superior y todopoderoso sólo se le pudo ocurrir a
un ser débil e inferior como el ser
humano.

Me da lo mismo que mi vecino crea
en veinte dioses o que me diga que
hay uno solo.

*

La absurda fantasía de un Dios con
tres cabezas ha costado mucha sangre a la Humanidad.

*

Es un error esperar que el Gobierno
sostenga a la Iglesia. En todas partes
y en todos los tiempos los curas han
sido enemigos de la libertad y se han
aliado a los peores tiranos, solapan-
do sus abusos y buscando sólo su
beneficio personal.

THOMAS JEFFERSON
(1743-1826)
3er. Presidente de los USA

· ·

NOE JITRIK
Eso que llamamos Dios
es una ausencia.

89

· ·

Prefiero reír con los pecadores que llorar con los santos. Los pecadores son mucho más divertidos.
BILLY JOEL músico

....

ALEJANDRO JODOROWSKI
Escritor, dramaturgo e historietista
No puede decirse que el ser humano nace del pecado. Hay que borrar el pecado original, porque no es ningún pecado que mis padres hayan tenido sexo para tenerme a mi.

*

Todo el antifeminismo, toda la pobre condición de las mujeres viene del Génesis. Hay que cambiar la Biblia. La gente que piensa tiene que cambiar todas esas ideas absurdas.

La religión es un capítulo fundamental en la historia del egoísmo del Hombre.
WILLIAM JAMES (1842-1910) Filósofo

Cuando dos personas se ponen de acuerdo en algo, puede usted estar seguro que una de las dos está pensando.
LYNDON B. JOHNSON (1908-1973) presidente USA

....

Una de mis fantasías favoritas es que todas las mujeres de todo el mundo dejen de ir a la iglesia, que es la institución que más las oprime y enajena. Cuando las mujeres dejen de aportar su tiempo y energías a las instituciones que se aprovechan de ellas, dejarán de existir.
SONIA JOHNSON

....

La única alternativa a la teología escolástica y dogmática, es el escepticismo.

*

Para la Iglesia no hay peor hereje que el mismo ser humano.

*

Lo peor que pudo hacer el demonio fue negarse a servir a Dios. Fue el pecado de pensar el que lo perdió.
JAMES JOYCE (1882-1941) Escritor Irlandés

....

BASTA YA LÁZARO, POR ÚLTIMA VEZ: ¡anda!

Nadie / Colombia

Se puede fácilmente creer en Dios: lo difícil es definirlo.
S. JOUBERT

....

CARL GUSTAV JUNG (1875-1961) Psicólogo austríaco
Gracias a la agudeza de la mente hemos podido rechazar la pobreza filosófica de las Iglesias.

FRANZ KAFKA
El hombre no puede vivir sin creer confiado en algo indestructible, aunque esa confianza resulte destructible y permanezca escondida en su interior. Un modo de que esa confianza salga de su escondite es creyendo en un Dios personalizado.

Kretzschmar

Emmanuel KANT
Filósofo
*
La razón no puede probar la existencia de Dios.

Las religiones organizadas son las pirámides más grandes del mundo.
BERNARD KATZ

NO PIERDO MI TIEMPO PENSANDO SI DIOS EXISTE. ES ALGO QUE NO ME IMPORTA.
Wendy Kaminer
Escritora USA

Carl Sagan, de la Universidad de Cornell me dijo algo terrible: que en Estados Unidos hay 15,000 astrólogos y sólo 1,500 astrónomos. Y que eso está produciendo una ola de supersticiones, cultos y sectas místicas que creen en lo más increíble, peor que lo que creen los religiosos de las Iglesias...
SERGEI KAPITZA
Presidente de la
Soc. Física URSS.

Tontos : su premio no está
ni aquí ni allá.
Poeta OMAR KHAYAM

NO ESPERO NADA, NO TEMO A NADA : SOY LIBRE.

**Nikos Kazantzakis
(1855-1957) Premio Nobel de
Literatura**

John Keats poeta
El amor es
mi religión.

JOHN KEATS

....

JOHN F. KENNEDY

No queremos una religión oficial
y aunque el 90% de la población
fuera católica, yo me opondría.

....

Es maravilloso cuánto tiempo y
energía consume la gente luchando contra el demonio. Si
ese tiempo y energía lo emplea-
ran para amar al prójimo, los
demonios se morirían solos.

*

La muerte es como pasar de un
cuarto a otro, pero para mí es
una gran diferencia, pues a la
mejor en el otro cuarto voy
a ver.
**HELEN KELLER
Educadora ciega y muda**

....

**HE ENCONTRADO AL ENEMIGO
Y SOMOS NOSOTROS.**
Walter Kelly, humorista gráfico
autor de POGO.

....

JOHANNES KEPLER
(1571-1630) astrónomo

En la teología manda la autoridad, en la Filosofía manda
la razón.

*

Mi intención es demostrar que
la máquina celestial no es como
un artefacto divino, sino como
un reloj.

....

No puedo creer en el Dios de
mis padres. Si hay una mente
superior que entiende todas las
cosas, comprenderá que yo no
crea.
**GERALD KERSH novelista
(1911-1968)**

....

JACK KEROUAC novelista
¿Dios? No sé, ni me importa...

Jack Kerouac

Cuando la cristiandad y el mundo sean amigos, desaparecerá la cristiandad.

*

La cristiandad ha vivido sin tomar en cuenta a Cristo.

*

El Cristianismo ha pedido siempre la crucifixión del Intelecto.

*

SOREN KIERKEGAARD
Filósofo Danés

Sólo los tontos y los vendedores de coches creen en Dios.
(graffiti)

La fe es maravillosa para el que tiene flojera de pensar.
F.M. KNOWLES

Los creyentes entregan su identidad antes de meterse en la tumba de la religión.

*

Para los cristianos, Cristo sigue colgado de la cruz.

*

Los habitantes de Jerusalem viven intoxicados de religión.

*

El hombre moderno está condenado a crear su propio mundo.
OSCAR KOKOSCHKA pintor

En el cerebro de todo creyente existe un bien pulido vacío.
JEREMY KONOPKA

La Iglesia sobrevive gracias a que los feligreses no están enterados de los recientes descubrimientos sobre Cristo.
HANS KONZELMANN

CHARLES KRAUTHAMER
La religión organizada es bastante mala, pero es peor la religión organizada en busca del poder político.

El diablo es optimista: cree que puede volver peores a los hombres.
KARL KRAUSZ (1874-1936)
Novelista Austríaco

DIOS DEJÓ DESCOLGADO EL TELÉFONO Y EL TIEMPO CORRE...

ARTHUR KOESTLER
(1905-1983) filósofo Polaco

LO MÁS ABSURDO QUE PODRÍA PASARME SERÍA TENER RELACIÓN CON UN DIOS EN EL QUE NO CREO.
Paul Krassner

93

MARTIN LUTHER KING
(1929-1968)
Nada hay más peligroso que la ignorancia sincera y la estupidez consciente.

....

¿ Tres en Uno, uno en Tres ?
No: yo tengo mis propios Dioses
y me dan más que su frío Cristo
y sus confusos triángulos...
RUDYARD KIPLING
(1865-1936) novelista Inglés

RUDYARD KIPLING

....

Me gusta esa religión de esclavos: no tengo que pensar, hacer
preguntas o dudar. Sólo hay que
obedecer. ¿Dónde firmo ?
OLEG KISELEV

....

**su creencia en Dios es sólo un
escape de la crueldad, estupidez y monotonía de la vida.**
KRISHNAMURTI
Filósofo hindú

✠✠

André Francois / Francia

AMO A DIOS PERO ODIO A LA IGLESIA.
(GRAFFITI)

chat sœur

Siné / Francia

Creer en un mito es tan fácil como respirar. Pero aguantar la respiración toda la vida está más difícil.
MICHAEL P. KUBE-McDOWELL

....

¿ Qué puede esperarse de una sociedad que dice que Dios ha muerto y que Elvis Presley está vivo ?
IRV KUPCINET

....

La mierda es el problema teológico más árduo del problema del Mal. Dios le ha dado al hombre libertad y a fin de cuentas debemos admitir que Él no es el culpabie de los crímenes perpetrados por la Humanidad.
Pero la responsabilidad de la MIERDA pesa por completo en quien creó al hombre.
MILAN KUNDERA novelista Checo

....

Es muy diferente si pensamos en Dios como persona, que si lo vemos como una fuerza. En la primera aparece el Cristianismo, en la otra resulta La Guerra de las Galaxias.
JAYNE KULIKAUSKAS
" Yo hablo con Dios todos los días y nunca te ha mencionado. "
(Oído en la película LADYHAWKE)

....

Es increíble que los hombres crean en los dioses que ellos mismos crearon.
PAUL KURTZ

Mtez. Carrión / México

Estos besos, hija mía, debes recibirlos con infinita alegría, porque son una prueba patente de la infinita misericordia; que sin merecerla, te otorga por mi conducto la Divina Providencia.

95

Aquí en Jerusalem no hay misericordia : se odian los unos a los otros en nombre de Dios.
SELMA LAGERLOFF
Premio Nobel de Literatura

....

El hombre es un ser caído en desgracia que añora los Cielos.
ALPHONSE M. DE LA MARTINE
Escritor y gobernante

....

CORLISS LAMONT
Resulta que Dios Omnipresente no está en ninguna parte.

....

La enorme competencia entre las Iglesias ha vuelto a la religión un gran negocio.
WALTER S. LANDOR escritor USA

....

EL TELESCOPIO SURCA LOS CIELOS SIN ENCONTRAR A DIOS.
PIERRE LAPLACE astrónomo
(1749-1827)

....

La religión que más gente ha matado está basada en el amor al prójimo.
ANTON S. LaVEY

....

R. D. LAING
Padre de la Antipsiquiatría
*

Espero que no sea culpa mía el ser tan necio en querer saber si Dios existe o no.
*

Quizás no ha muerto Dios. Quizás sólo se volvió loco.
*

No somos más que unos tontos que no hemos aprendido que la mente no puede ver ni conocer lo Absoluto.
Si ni siquiera podemos entender un grano de arena, no hablemos ya de comprender a Dios.
*

Quizás ni el mismo Jesús sabía quién era él.

La Biblia contiene 6 amonestaciones a los homosexuales y 362 a los heterosexuales. Lo que no significa que Dios no ame a los heterosexuales, sino simplemente que ellos necesitan más supervisión.
LYNN LAVNER

....

D. H. LAWRENCE
(1885-1930) novelista
Dios es solo una experiencia de la imaginación.

Mingote / España

....

Pretender llevar hoy en día una vida religiosa SIN consumir drogas sicodélicas, es como querer ser astrónomo usando sólo los ojos.
TIMOTHY LEARY

....

Rezar es como una mecedora: te entretiene pero no te lleva a ninguna parte.
GYPSY ROSE LEE
Desnudista de strip-tease

....

Dios hizo los números, lo demás ha sido obra del hombre.
GOTTFRIED H. LEIBNITZ
(1646-1716) filósofo y científico

....

HENRI LEFEVBRE (1905-1987)
Filósofo marxista Francés
*

La verdad es siempre más importante que los dogmas.

....

Yo no entiendo a Jesús como un hijo de Dios que baja del cielo y se encarna en una virgen inmaculada. Lo entiendo al revés.
*

El diablo es un invento del hombre para explicar el mal en la Tierra.
*

VICENTE LEÑERO (1933-   )
Dramaturgo y escritor Mexicano

....

GIACOMO LEOPARDI
(1798-1837) literato Italiano
*

La felicidad está en ignorar la verdad.

97

● ●

DIOSES Y CETÁCEOS

*"¿Sabes la buena nueva ? Los dioses
ya no existen, por más que los augures
-ay- en negarlo insisten."*
Álvaro Armando Vasseur

Cuando leí los versos del poeta uruguayo
Sentí que el universo se volteaba al revés.
Atronó mis oídos el estruendo de un rayo.
Y hasta la Madre Tierra se me fue de los pies...

¿Deicidio al mayoreo?
Porque en el alto cielo ya hay muchos inmortales.
Pudo advertirse al asesino ateo,
que todos son iguales...

Ballenas en cardumen hoy se quitan la vida,
porque la podre humana les invadió la casa.
Un Dios no es un cetáceo ni cosa parecida.
No cabe pues aquí un tal suicidio en masa.

Murieron los creadores de este universo eterno.
Nos dieron la noticia: "Los Dioses ya no existen."
Venturosos mortales aún queda el infierno.
Mas, ¿por qué los augures –ay– en negarlo insisten?

Misterio...
Que en todo este asunto, es lo único serio...

RENATO LEDUC (1895-1986)
Poeta y periodista Mexicano

Cavallo / Italia

FEDE (FÉ)

**El único derecho
que tienen los
homosexuales en
la Teocracia
Cristiana, es el
derecho a morir.**
*

98

LENIN
(Vladimir Ilich Ulianov)
(1870-1924)

A aquel que trabaja y padece miseria toda su vida, la religión le enseña a ser humilde y resignado en la vida terrenal y a reconfortarse con la esperanza del premio celestial.

JOHN LENNON (1940-1980)
Alma de LOS BEATLES

Imagine there's no heaven
It's easy if you try.
No hell below us,
Above us, only sky...

*

DIOS ES SÓLO UN CONCEPTO CON EL QUE MEDIMOS NUESTRAS PENAS.

El Cristianismo desaparecerá, no tengo la menor duda y así será. Nosotros somos más populares que Jesucristo ahora. No sé qué desaparecerá primero, si el rock-and-roll o el Cristianismo. Jesús está O.K., pero sus discípulos eran espesos y ordinarios. A los que siguieron después es a los que no trago.

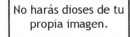

Topor / Francia

No harás dioses de tu propia imagen.

¿ No tengo alma por no creer en el alma ?

QUIZÁS DIOS QUISO QUE YO FUERA ATEO

A veces el diablo me tienta para que crea en Dios.

Muchos que quisieron traer luz al mundo, fueron colgados de un farol.

Dar al César lo que es del César y a Dios lo que es de Dios. ¿Y los humanos, qué ?

*

¿ EN QUÉ CREO ? CREO EN DIOS...SI EXISTE.

STANISLAV LEC
Poeta y humorista polaco (1909-66)

Tolerar a todas las demás religiones es como tolerar el Ateísmo.
LEON XIII

99

**ALEJANDRO LERROUX
(1864-1949) periodista y político**
Destruid sus templos, acabad con sus dioses, alzad el velo de las novicias y elevadlas a la categoria de madres para virilizar la especie.

. . . .

Un hereje es alguien que ve todo con sus propios ojos.
**GOTTHOLD E. LESSING
(1729-1781) literato y dramaturgo**

Por mi parte, nunca he considerado a Dios como un problema. Creo que puedo vivir muy bien sin él, sabiendo que nunca podremos explicar el Universo.
**CLAUDE LEVI-STRAUSS
Antropólogo Belga**

. . . .

**C. S. LEWIS
Autor inglés (Alicia en el País de las maravillas)**
No he logrado entender cómo hablan de la "bondad" de un Dios al que por el resultado de sus acciones sentimos como un Dios malvado y cruel.

*

Lo primero que tenemos que aclarar sobre la moral cristiana y el trato entre los hombres, es que realmente Cristo no vino a enseñar nada nuevo. Su regla de oro (Amarás a tu prójimo como a ti mismo), era ya bastante conocida anteriormente.

LA FELICIDAD ESTÁ EN IGNORAR LA VERDAD.
**Giacomo Leopardi
Escritor Italiano**

. . . .

**LOS PADRES DE LA IGLESIA SON LOS PEORES ENEMIGOS DE LAS MADRES DE LA TIERRA.
William E. Lecky
Historiador
Irlandés
(1883-1903)**

. . . .

LA LUCHA DEL HOMBRE CONTRA EL HOMBRE CONTINUARÁ MIENTRAS EL HOMBRE AME MÁS A DIOS QUE A SU PRÓJIMO.

*

La religión es el gran negocio.

*

**JOSEPH LEWIS
(1889-1968) editor**

SI... SE OYÓ ALGO ASI COMO UN **BIG BANG**

Alberto Isaac / México

Es un error creer que se necesita de una religión para vivir.

*

DIOS ME DIO LA FUERZA PARA NO CREER EN DIOS.

*

Sinclair Lewis (1885-1951) Novelista

....

Siempre ha habido gente honesta y buena mucho antes del Cristianismo, y gente buena y honesta que no son cristianos. La moral no necesita de religión alguna.

*

Conforme mejoran las naciones, mejoran sus dioses.

G.C. LICHTENBERG (1742-1799) Físico y filósofo

COMO REAGAN HUBIERA QUERIDO VER A LINCOLN

ABRAHAM LINCOLN
*

La Biblia no es mi Libro y el Cristianismo no es mi religión.

*

Dios debe amar mucho al hombre común y corriente... ¡hay tantos!

*

Veo una enorme nube oscura sobre el horizonte de nuestra América, y esa nube viene de Roma.

.... *101*

Con la quema de tantos libros -y de algunos de sus autores- ,la Iglesia ha acabado por demostrar, no la existencia de Dios, sino del Diablo.
BEN N. LINDSEY autor

....

GUSTAF LINDBORG
Autor Sueco
Los marineros no rezan para pedir viento a su favor: los marineros aprenden a navegar.

....

ROBERT M. LINDNER
psicoanalista
La autoridad teme a los escépticos porque no puede contestar sus dudas.

....

Los censores respetan las ideas, pero luchan ferozmente contra su propagación.
*
Donde todos piensan igual, nadie piensa mucho.
WALTER LIPPMAN
Periodista USA

....

LESTAT DE LINCOURT
Si Dios mata indiscriminadamente, los hombres debemos hacer lo mismo.

....

Las nuevas ideas siempre son sospechosas, sobre todo cuando tienen la razón.
JOHN LOCKE filósofo
(1632-1704)

....

Para mí es obvio que la noción de Dios sólo ha sido una proyección ideal de nuestra mente.
*
La teología no es más que una mitología purificada.
*
Lo más peligroso para un cura es el hombre pensante

ALFRED LOISY
Sacerdote católico, profesor y estudioso de la Biblia, excomulgado en 1908 en Francia por no creer en los dogmas.

SOY UN MATERIALISTA SIN ESPERANZA. CREO QUE CUANDO ME MUERA, ME MUERO Y YA. JUSTO COMO EL MOSCO QUE APLASTÉ...
Jack London / escritor
(1876-1916)

JOE LOUIS
Boxeador
Todos quieren ir al Cielo, pero nadie quiere morirse.

Donde la Iglesia y el Estado se asocian, la Iglesia se convierte en Policía.
AMY L. LOWELL
(1874-1925) Premio Pulitzer

Dios tiene muy poca paciencia con los remordimientos.
MALCOM LOWRY escritor

H.P.LOVECRAFT
(1890-1937) escritor
Si la religión fuera verdadera, sus creyentes tratarían de buscar la verdad en ella, no de quedarse en el conformismo.

DEBEMOS ESTAR SIEMPRE DISPUESTOS A CREER QUE LO BLANCO ES NEGRO, SI ASÍ LO DISPONE LA IGLESIA.
S.IGNACIO DE LOYOLA
Fundador de los Jesuitas

LOYOLA

Dicen que Cristo viene, pero nadie conoce sus horarios.

LUCRECIO (94-55 a.C.)
Filósofo romano
La Naturaleza ha hecho todas las cosas sin intervención alguna de los dioses.

*

El miedo es la madre de todos los dioses.

Esa teoría de que deberíamos respetar a quienes tienen otras religiones, no se encuentra en los Evangelios, ni la Biblia.
ARNOLD LUNN autor Inglés
(1888-1974)

MARTIN LUTERO
Padre del Protestantismo
*

¡ La razón: esa maldita puta !
*

La medicina hace enfermos, las matemáticas hombres tristes y la teología, pecadores.
*

Quien quiera ser Cristiano debe cerrar los ojos de la razón.
*

Dios hizo a las mujeres, o amas de casa o prostitutas.

103

✠✠

LA IGLESIA ES LA SIRVIENTA
DE LA TIRANÍA.
THOMAS B. MACAULAY historiador
(1800-1859)

. . . .
*

RAUL MACÍN (1930-   )
Pastor Metodista Mexicano:
Para conocer a Dios es necesario
pasar por el Ateísmo.

. . . .
La cobardía de nuestro tiempo deman-
da siempre una autoridad divina.
*

Conocemos ya todas las respuestas: lo
que no sabemos es la pregunta.
ARCHIBALD MacLEISH
(1892-1982) educador y poeta

. . . .
El dogma huele igual si viene del podio
o si viene del púlpito.
STEVE MADING

. . . .
LA RELIGIÓN ES UN ESTORBO PARA EL
PROGRESO DE CUALQUIER PAÍS. POR
QUINCE SIGLOS LA HEMOS TENIDO SIN
QUE HAYA SERVIDO DE NADA.
James Madison
(1751-1836) Presidente USA

MAURICE MAETERLINCK
(1862-1949) dramaturgo Belga
El creyente cierra su puerta creyendo
que nada va a pasar.

. . . .
LA IGLESIA DICE QUE LA TIERRA ES
PLANA, PERO YO SÉ QUE ES REDONDA
PORQUE HE VISTO SU SOMBRA EN LA
LUNA. Y YO CREO MÁS EN UNA SOMBRA
QUE EN LA IGLESIA.
Fernando de Magallanes Navegante

. . . .
NO PUEDO ACEPTAR NINGUNA
RELIGIÓN, CRISTIANA O NO.
Bronislaw Malinowski
(1884-1942) ANTROPÓLOGO

. . . .
WILLIAM H. MALLOCK novelista
Cualquiera que sea el futuro de Dios,
no podemos olvidar su pasado.

¿Está seguro que su dios existe?

MADONNA
Actriz y cantante
Cuando me arrodillo NO es para rezar.
*

Es difícil creer en una religión que
premia la castidad y la virginidad.

Algunos necios afirman que un Creador hizo al mundo, pero...¿Si Dios creó el mundo, dónde estaba antes de la Creación? Y además, ¿cómo pudo hacer el mundo sin materiales **?** Si dices que los hizo primero y luego el mundo, te enfrentas a una regresión infinita...
MAHAPURANA filósofo hindú

....

NO SOY CRISTIANO, PERO PUEDO COGERME A UNA CRISTIANA.
Norman MAILER (1923-)
Escritor USA

....

CURZIO MALAPARTE
(1898-1957) escritor Italiano
Me gustaría crear el mundo para corregir todos los errores que Dios cometió.

....

El problema principal del fin del siglo será el problema religioso.
*

El hombre es el modelo ideal de un perro de cómo debía ser su Dios.
ANDRÉ MALRAUX
(1901-1988) escritor Francés

....

THOMAS MANN
(1875-1955)
Las semillas de la duda, mientras más profundas se siembren, producirán mejores raíces de pensamiento.

....

JEAN-PAUL MARAT
(1743-1793) médico y político
¿ Por qué Dios es tan cruel con los pobres ?

....

Pienso que la religión no es más que un juego para niños. No hay pecado, lo que hay es ignorancia.
CRISTOPHER MARLOWE
(1564-1593) dramaturgo Inglés

¡ No nos oprimirá más ese fascismo llamado cristianismo !
*

QUERIDO DIOS: SI ESTUVIERAS VIVO TEN POR SEGURO QUE TE MATARÍAMOS.
Marilyn Manson
Rock star

....

Déme algo por compasión.
Para que me cure de ésto......
¿Qué no tiene obligación? .....
¡Pues mire cómo me ha puesto!....

105

Una vez oí a los sobrevivientes de una colonia de hormigas que había sido semi-destruida por las patas de una vaca, discutiendo seriamente qué intenciones tendrían los Dioses para con su civilización.

DON MARQUIS humorista USA

....

MARQUÉS DE SADE
La idea de Dios es el único error que no le perdono a la Humanidad.

....

Todos los domingos muchas bancas de las iglesias son ocupadas por ateos practicantes -que no creyentes disfrazados-, que en la semana se comportan como si Dios no existiera.

MARTIN MARTY historiador luterano

DEJEN QUE CONTIENDAN CIEN ESCUELAS DE PENSAMIENTO PARA QUE FLOREZCA EL PROGRESO DE LAS ARTES Y LAS CIENCIAS.
Mao Tse-Tung
(1893-1976)
Libro Rojo

....

El ateísmo de algunos cristianos es el rechazo de los dioses falsos.
JACQUES MARITAIN
(1882-1973)
Filósofo Francés

....

● ● ● ● ● ● ● ● ●

El primer requisito para que la gente sea feliz es la abolición de la religión
*
La religión es la impotencia de la mente para manejar las cosas que no puede entender.
*

Los que no creen en la inmortalidad creen en la Historia
JOSÉ MARTÍ
(1853-1895)
Héroe Nal.Cubano

....

Las flores imaginarias de la religión adornan las cadenas del hombre. Para ser libre, el hombre tiene que quitarse las flores con todo y cadenas.
*

La religión es el opio del pueblo.
*

LA IDEA DE DIOS ME HACE BOSTEZAR.
Harriet Martineau

KARL MARX (1818-1883)
Filósofo y economista Alemán

Cuesta más NO ser religioso
que serlo.

*

¿ Que cuál es el significado de la vida ? Es una pregunta estúpida. La vida existe y no hay que buscarle más. La vida es como un baile. ¿El bailar tiene algún significado ? ¡No: uno baila porque le gusta !
JACKIE MASON cómico judío

PADRE, ME ACUSO DE HABER TENIDO PENSAMIENTOS SUBVERSIVOS

¡O.K.! ME REZAS TRES AVE MARÍAS Y VALE.

Chumy Chumez / España

**MARCELO MASTROIANI
(1924-1996) artista de cine**
*"NO CREO EN DIOS :
CREO EN LA VIDA"*.

++

Ningún egoísmo es tan insufrible como el de los cristianos con respecto a su alma.

*

¡Qué crueldades comete el hombre en nombre de Dios ! Guerras crueles, intolerancia, persecuciones, hipocresía, el amargo sentimiento del pecado que nos ha oscurecido toda la hermosura de la vida...¿Es obra del Dios de los cristianos o del Demonio de los mismos cristianos que creen en él ?
**W. SOMERSET MAUGHAM
(1874-1965) novelista Inglés**

Joseph McCabe
A quien afirma :*"Yo sé que Dios existe"*,hay que responderle: *"Pues yo no sé si Dios existe"*.
Ex-sacerdote (1867-1955)

El pecado ya pasó de moda. La gente es inmadura o asustada, o simplemente enferma.
**PHILLIS McGINLEY (1905-1978)
Poeta Premio Pulitzer**

Nunca dudes de que un pequeño grupo de gente pueda cambiar el mundo. Así ha sido siempre.

**MARGARET MEAD
(1901-1978) antropóloga**

"LAMENTO DECIR QUE NO CREO EN DIOS".

*

La mente humana trata a una idea nueva del mismo modo que el cuerpo trata a una proteína extraña: la rechaza.
**Sir Peter Brian Medawar
(1915-1987) Nobel de Medicina**

Estaba negociando firmar un contrato para aceptar a Jesús como mi Salvador personal, pero no aceptaron mi cláusula de libertad sexual.
AL MEDWIN comediante

Si el hombre medio está hecho a imagen de Dios, entonces los hombres como Beethoven o Aristóteles están en un plano superior a Dios.

*

Probablemente el tipo más repugnante que han producido los Estados Unidos sea el Ejecutivo Cristiano.

*

La teología cristiana no sólo se opone al espíritu científico, sino también a cualquier forma de pensamiento racional.

*

La mayor contribución del pensamiento Protestante a la Humanidad es su demostración de la imbecilidad de Dios.

El hombre accedió a la civilización, no por su capacidad en creer, sino en proporción a su facilidad en dudar.

*

ARZOBISPO: un eclesiástico de rango superior al de Cristo.
CLÉRIGO: un revendedor afuera de las Puertas del Cielo.

*

Imaginen al Creador como un mediocre comediante y el mundo se volverá explicable.

*

Lo mejor de los Diez Mandamientos es que sólo son diez.

*

H. L. MENCKEN
(1880-1956)
Periodista USA

●●●●●●●●●●●●●●●●●●●●●●●●●●●●●●●

Me inclino a pensar que el mismo Dios no se puede explicar a sí mismo
HERMAN MELVILLE novelista
(1819-1891)

. . . .

El creyente deja que el cura piense por él.
GEORGE MEREDITH
Novelista Inglés

Dios vive toda la vida enojado con los hombres que hizo porque no le salieron buenos.
DR. SERAFIN MERCADO
Sicólogo Mexicano

108

LA PEOR TIRANÍA
QUE NOS HAN
IMPUESTO ES LA
DEL PECADO.
**Fr. Thomas Merton
Teólogo Trapense**

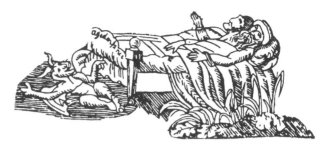

OPS

Ops / España

**P.JEAN MESLIER
(1678-1733)**
La religión es un
método para tener
oprimido al pobre y
para exaltar al rico.
*

Enseñemos a los
hombres a amar al
Hombre y no a Dios.

Cuando los hombres
que se dicen religio-
sos llegan al poder,
la gente común y
corriente -como yo-
Corremos peligro.
**JAMES A. MICHENER
Novelista**

DIOS ES SÓLO
UNA PALABRA.
*

La gente quedaría
asombrada si supiera
cuántos de los gran-
des hombres son
ateos.
**JOHN STUART MILL
(1806-1873)
Filósofo Economista**

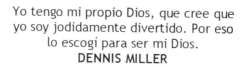

Hay muchos que en estos tiempos ya no se acercan a la Iglesia porque ya casi no se habla ahí de Dios.
*
**ARTHUR MILLER
(1915-1999)
Dramaturgo USA**

**AL REZARLE
A DIOS NUNCA
CONTESTA
QUE SÍ.**

****

Yo tengo mi propio Dios, que cree que yo soy jodidamente divertido. Por eso lo escogí para ser mi Dios.
DENNIS MILLER

....

La religión se ha vuelto sólo un espectáculo más.
**CHARLES WRIGHT MILLS
(1916-1962)
Sociólogo marxista USA**

....

EL ANTIGUO TESTAMENTO ES RESPONSABLE DE HABER CREADO MÁS ATEOS QUE CUALQUIER OTRO LIBRO. HA VACIADO MÁS IGLESIAS QUE NADIE.
**ALAN ALEXANDER MILNE
(1882-1956)
Creador de Winnie-the-Pooh**

....

Respeto la fe, pero prefiero la duda.
WILSON MIZNER

....

CARLOS MONSIVÁIS :
En Dios, como el Ser antropomórfico dispuesto a perseguir a los pecadores, por supuesto que NO creo. En la fuerza trascendente, sí.

....

Lo que distingue a la inmensa mayoría de la Humanidad, de los pocos elegidos, es la incapacidad para vivir de acuerdo a sus creencias.
**HENRY MILLER (1891-1985)
Novelista (Trópico de Cáncer)**

....

SI UN HOMBRE CREE EN ALGO SÓLO PORQUE SE LO DICE UN CURA, ESTÁ PERDIDO.
*
JOHN MILTON

(1608-1674) poeta Inglés

Levine / The New York Times

Cesc / España

PUES YO CON ESTO DEL PRE-CONCILIO Y EL POST-CONCILIO, YA NO SE SI SOY EL ANGEL BUENO O EL MALO.

¡ CUÁNTO VALOR SE NECESITA PARA TENER MIEDO !

*

Se cree más firmemente en lo que se ignora completamente.

*

*

Lo primero que hizo Dios en el hombre fue tenerle miedo. Es un Dios muy cruel el que le enseña primero a sus hijos a tenerle miedo, yo creo.

*

Creemos en milagros por nuestra ignorancia de la Naturaleza.

*

¡ Oh pobre hombre sin sentido, que no eres capaz de crear un gusano y creas Dioses por docena !

*

**MICHEL DE MONTAIGNE
(1533-1592) ensayista Francés**

....

-¡Así que usted es Dios? Bien, muy bien. Pero el caso es que usted NO tiene ninguna reservación !

*

Esta noche, en vez de discutir la existencia o no existencia de Dios, los miembros del panel han decidido luchar a golpes por él.

*

Nada puede hacer un agnóstico si no sabe primero si cree o no en algo.

*

Tomado de MONTY PYTHON

CLAUDIO MONTEFIORE :
Es un misterio cómo hay gente que cree en el eterno castigo, la perdición de las almas o la condenación eterna, y al mismo tiempo creen en un Dios de amor y justicia.

....

" y de pronto me sentí inspirada para describir al Dios judeo-cristiano como un PENE dotado de significado cósmico "
SOLEDAD DE MONTALVO autora

—Pues si los jesuitas se ponen en ese plan, cambias de director espiritual ¡y en paz!

Henry de Montherlant
(1896-1972) novelista Francés
La religión es la enfermedad
venérea de la humanidad.

Siné / Francia

DE TODOS LOS SANTOS QUE DIOS HA
ENVIADO A LA TIERRA, CREO QUE YO
SOY EL MÁS PRÓSPERO DE TODOS.
Rev. Sun Myong Moon

GRACIAS A DIOS QUE LA BIBLIA NO
ES LA PALABRA DE DIOS.
*
SI DIOS ES TODOPODEROSO ¿PARA
QUÉ NECESITA EL DINERO DE SUS
FIELES CREYENTES ?
Rvdo. Donald Morgan ateólogo

Todo lo que necesitan los
"representantes de Dios" es estarles
recordando a los creyentes que son
mortales y que el manejo de la otra
vida está a cargo de los dioses que
representan. El temor de los fieles
hará lo demás.
*
Me parece increíble que la gente
creyente lleve a cabo ceremonias increíbles como hincarse, inclinarse,
persignarse, arrodillarse, postrarse en
el suelo, cantar en un idioma que no
conoce, ofrecer regalos al cielo, usar
velas, cubrirse la cabeza o hacer
gestos y musitar rezos ante estatuas
y figuras de madera. Todo para pedir
favores o evitar castigos.
Todo eso lo vemos en los animales
cuando depende su vida de otro animal más fuerte.
*
DESMOND MORRIS
Autor y zoólogo (El mono desnudo)

Nadie puede ser un descreído en estos tiempos. Los apologistas cristianos
no han dejado nada en lo que no
podamos creer.
H.H.MUNRO   (SAKI)
(1870-1916) escritor escocés

EL FASCISMO ES UN
CONCEPTO RELIGIOSO.
Benito Mussolini
(1883-1945)
Dictadorzuelo Italiano

Longanesi, 1925

SI NO PUEDO EXPRESARME EN SU LENGUA, CORRÍJANME

SIEMPRE LO HEMOS HECHO

¿ DIOS PADRE ?
¡ ME VALE MADRE !
Rogelio Naranjo caricaturista mx.

Nuestra existencia no es más que un cortocircuito de luz entre dos eternidades de oscuridad.
VLADIMIR NABOKOV
Novelista autor de "Lolita".

La religión es el principal obstáculo para el desarrollo de la mujer. Va contra la ciencia y el progreso. La religión enajena a la gente inculcándole el miedo a lo sobrenatural.

*

Soy atea. No creo en los rezos; creo en el trabajo, que en mi caso es escribir. Mi pluma es mi arma.

*

TASLIMA NASRIN

IRAN   PAKISTAN

ISLAM

ESTE HOGAR ES CATOLICO

NO ACEPTAMOS PROPAGANDA PROTESTANTE NI DE OTRAS SECTAS.

¡VIVA CRISTO REY!

¡VIVA LA VIRGEN DE GUADALUPE, MADRE DE DIOS!

No quiero saber nada de una religión que mantiene a las masas satisfechas y resignadas para vivir en el hambre y la pobreza. No quiero saber nada de religiones que se niegan a decir la verdad para mantener a sus fieles en la ignorancia. Si yo pudiera pondría a trabajar a todos los sacerdotes y transformaría en escuelas todos los templos.

JAWALHARLAL NEHRU (1889-1964) estadista Hindú

Cuando nosotros cometemos errores los llaman pecados. Cuando Dios los comete, lo llaman naturaleza.
JACK NICHOLSON actor

AZIS NESIN (1915-1995) Escritor Turco
No necesito a Dios porque no me interesan ni el cielo ni el infierno.

No hay ninguna prueba que garantice que nuestra experiencia viene de Dios. Nadie ha tenido contacto con Dios, es imposible.
KAI NIELSEN Filósofo Canadiense

114

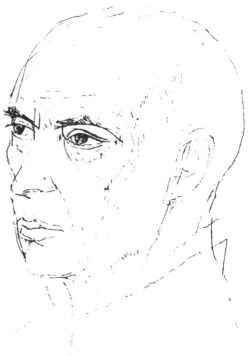

Dibujo de T. Kulisiewicz

Es interesante comprobar que cada vez que Dios da a alguien órdenes directas, siempre son : MATARÁS.

Reiser / Francia

FEDERICO NIETZSCHE
Filósofo
(1844-1900)

*

Un buen tema para un poeta sería el aburrimiento de Dios después del Séptimo día de la Creación.

*

¿ Es posible que el hombre sea tan sólo un error de Dios ?
¿ O Dios un error del hombre ?

Es curioso que Dios aprendiera griego cuando se volvió autor bíblico.

*

La mujer fue el 2do. Error de Dios.

*

Los que se dicen "hombres de convicciones" sólo son unos miserables prisioneros. Los grandes espíritus son escépticos, pues la libertad nace de la duda y el escepticismo. Las convicciones son únicamente prisiones del pensamiento.

*

Una visita casual a un manicomio nos prueba que la fe no prueba nada.

*

Los dos grandes narcóticos de Europa son el alcohol y la religión.

*

Hay que declarar la guerra a la depravación; la peor es el Cristianismo.

*

El último cristiano murió en la cruz.

*

No puedo creer en un Dios que necesita ser ensalzado todo el tiempo.

*

Jesús murió demasiado pronto. Debió haber vivido hasta el tiempo en que pudiera ver lo que hicieron con sus enseñanzas.

DIOS NO QUIERE QUE VIVAMOS ANGUSTIADOS. ÉL QUIERE QUE VIVAMOS FELICES : ÉSA DEBERÍA DE SER LA RELIGIÓN.
VASLAV NIJINSKI
(1890-1950) bailarín ruso

¡EL SAQUEO AL PUEBLO!

UN CREYENTE: Ay mano! mira! están robando los frailes; ya le sacaron tro a Inocencjo!

JUAN PANADERO: Que nueva la trae el Vale Coyote, esto sucedió toda la vida acabaron las peladas, se están....despidiendo, Vale Coyote; ya los enanos......

J.C. Orozco /México

115

NIKITO NIPONGO
(Raúl Prieto)

*

La Iglesia es castrante del sexo y la razón.

*

Tiene éxito la Biblia porque en ella imperan la pornografía, la violencia y la estupidez.

*

Ocúpese la Iglesia de las almas y deje los cuerpos en paz.

*

Una cosa es bromear inventando dioses y otra ponerse tonto y creer en ellos.

*

Los ateos son los únicos que toman en serio a Dios.

NO SOY RELIGIOSO SINO TODO LO CONTRARIO.
Gary Numan rockero

Langer / Argentina

No comprendo a Dios ni a su forma de actuar. Es un Dios más frío y oscuro que cualquier noche polar.
**MICHEL NOVAK
Filósofo católico**

Pienso que debe haber Dios, pero deduzco que NO existe. No puedo imaginarme a Dios y lo lamento.
**OCTAVIO NOVARO
Poeta Mexicano**

Dios ha muerto pero no hay que preocuparse: la Virgen María está de nuevo encinta.
(Graffiti)

116

Debemos sacar a la religión de nuestra vida o la religión va a acabar con todos nosotros.
SEAN Ó' CASEY
Dramaturgo Irlandés

Antes de morir quisiera estar orgulloso de haber vivido.
PHIL OCHS
(1941-1976) cantante

ENTRE MÁS IGNORANCIA, MÁS FANATISMO.
William Osler

Crasa pereza es el llamar "Dios" a todo lo que no podemos explicarnos. O sea, Dios es el SUMMUM de nuestra ignorancia.
UGO OJETTI autor Italiano

En la ciencia no hay lugar para el dogma. Un científico que NO pone todo en duda, no puede llamarse científico.
*

La libertad de pensar no puede perderse y la ciencia no puede retroceder.
*

ROBERT OPPENHEIMER
(1904-1967) físico nuclear

La Creación

Ulises / La Jornada

Debemos quemar todos los libros. El único valioso es el Corán.
CALIFA OMAR DE BAGDAD 117

Un ateo no tanto no cree en Dios, sino que más bien lo detesta.

*

Si la libertad significa algo, debe ser decirle a la gente las verdades que no quiere oír.

*

Creer en un Dios cruel, convierte en cruel al hombre.

*

Uno debe escoger entre Dios y el hombre y hasta la fecha los mejores pensadores y los liberales hemos escogido al hombre
**GEORGE ORWELL (1903-1950)
Novelista autor de 1984**

● ● ● ● ● ● ● ● ● ● ● ● ●

Es conveniente que haya dioses. Y como es conveniente, creamos que existen.
**OVIDIO (43-17 a.C.)
Poeta romano**

**O S H O
RAJNEESH
Filósoso hindú asesinado por órdenes de Ronald Reagan**

*

NO SE NECESITA UN CRISTIANISMO, NI UN HINDUÍSMO, NI UN ISLAMISMO. ESAS SON LAS BARRERAS DEL PROGRESO RELIGIOSO. LO QUE SE NECESITA ES VERACIDAD, SINCERIDAD, AFECTO...UNA VIDA DE ALEGRÍA. Y ESTAS CUALIDADES NADA TIENEN QUE VER CON EL CRISTIANISMO, EL JAINISMO, EL JUDAÍSMO O EL ISLAMISMO.

*

TODAS LAS RELIGIONES ESTÁN CONTRA LA HUMANIDAD. NO SON VEHÍCULOS DE DIOS; SON VEHÍCULOS DEL DIABLO. PAPAS, AYATOLAS Y CURAS SON LOS QUE HAN DIVIDIDO A LA HUMANIDAD Y LOS QUE HAN CREADO LOS CONFLICTOS, LOS DERRAMAMIENTOS DE SANGRE, LAS GUERRAS, LAS CRUZADAS, LAS GUERRAS SANTAS. YO ESTOY CONTRA TODAS LAS RELIGIONES.

Forzado a tener una religión, he abandonado todas las religiones por ser sólo obra del hombre. Ninguna está basada en hechos reales, ninguna es verdad.

**ROBERT OWEN (1771-1858)
Industrial escocés y reformista.**

● ● ● ● ● ● ● ● ● ●

**JOHN J. OSBORNE
(1929-1994) dramaturgo Inglés**
NO HAY DIOS: ESTAMOS SOLOS EN EL UNIVERSO. SÓLO NOS TENEMOS A NOSOTROS MISMOS.

El peor enemigo de la humanidad ha sido el Cristianismo.
**O U I D A
(Mabuise de la Ramee)
(1839-1908) novelista Inglesa**

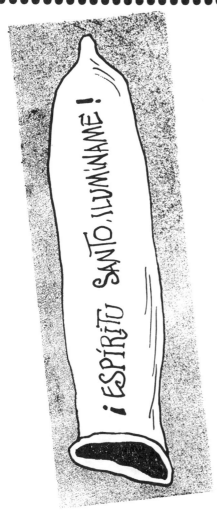

Dios, que castigas la fornicación,
¿ por qué no haces la prueba ?
JOSÉ EMILIO PACHECO poeta

....

No conozco ningún libro que supere
a la Biblia como fuente de brutali-
dad, crímenes y sadismo.
SIR JAMES PAGET médico

....

Todas las religiones han
perseguido las ideas.
*

De todas las tiranías que han afligi-
do al mundo, la peor ha sido la
religiosa, que incluye este mundo
y el más allá.
**THOMAS PAINE (1737-1809)
Autor de LOS DERECHOS
DEL HOMBRE**

....

EL MEJOR SERVICIO QUE PODRÍA
PRESTARSE A LOS CRISTIANOS SE-
RÍA CONVERTIRLOS AL CRISTIANIS-
MO.
Palatka News

....

Si quieren saber qué piensa Dios
del dinero, sólo vean a la gente a
quienes se los dio.
**DOROTHY PARKER
(1893-1967) escritora USA** 119

Me gustaría creer en algo
Pero no creo
Creer es creer en Dios
Lo único que yo hago
Es encogerme de hombros
Perdónenme la franqueza
No creo ni en la Vía Láctea.

¿ MARXISTA ?
-no : ATEO.

Padre nuestro que estás en el cielo
Lleno de toda clase de problemas
Con el ceño fruncido
Como si fueras un hombre
Vulgar y corriente
No pienses más en nosotros.
Padre nuestro que estás donde estás
Rodeado de ángeles desleales
Sinceramente
No sufras más por nosotros
Tienes que darte cuenta
De que los dioses no son infalibles
Y que nosotros perdonamos todo.

O Dios está en todas partes
O no está en ninguna.
NICANOR PARRA poeta Chileno
Premio Juan Rulfo de literatura

Abilio / Venezuela

120

Cristianismo, Islamismo y Judaísmo: compiten árduamente a ver cuál es la peor de las tres.
MATTHEW PARRIS
Escritor Inglés

....

Los hombres matan y asesinan con más fervor y alegría cuando lo hacen por convicciones religiosas.
BLAISE PASCAL (1623-1662)
Filósofo y científico Francés

....

PIER PAOLO PASOLINI
(1922-1975) director de cine
*

Los monjes NO hacen el amor porque creen en Dios.
*

SI DIOS NO HA MUERTO, ENTONCES ES SORDO.
*

Soy un descreído que quisiera creer en algo.

AHORA QUE DICEN QUE SE HA PUESTO MAS FACIL, QUIZAS PODAMOS CASARNOS POR LO CIVIL...

PERICH

El Roto / El País

YO, ANTES DE VER LOS TELEDIARIOS, SIEMPRE REZO POR LAS VICTIMAS

EL ROTO

INFIEL: individuo que además de engañar a su pareja, no profesa la fe católica.
+
MOCHO: todo aquel que ha sido mutilado por la Iglesia Católica.
*
TODOPODEROSO : Señor que es capaz de todo, menos de hacernos entender por qué no hace nada.
+
HEREJE: persona que se divierte mucho profesando creencias contrarias a la fe católica.
*
PASTOR: el único perro que puede entrar a las iglesias.
+
OSCURANTISTA: todo aquello referente a los curas.
*

Definiciones tomadas del PEQUEÑO VULGAROUSSE ILUSTRADO
De
PATRICIO ORTIZ
Monero mexicano

PAPA

Patricio / El Chamuco

CERRADO POR VACACIONES

Forges / España

PUES CHICA; YO ME ESTOY DEJANDO BIGOTE POR LA COSA POSCONCILIAR

Sólo se puede llegar a la verdad científica desechando las viejas creencias religiosas. Ese camino, aunque lento y gradual, es el más seguro.
IVÁN PAVLOV
(1849-1936)
Científico y psicólogo ruso

··

LA REALIDAD ES UNA ESCALERA QUE NI SUBE NI BAJA. HOY ES HOY, SIEMPRE ES HOY.
Octavio Paz Premio Nobel

··

LEONARD PEIKOFF filósofo
La razón es la única forma de llegar al conocimiento de las cosas. El que invoca la fε para creer en algo, está rechazando la razón. Y de paso, la realidad.

··

La Ciencia es la búsqueda de la verdad, no la búsqueda de cómo dañar a los demás.
LINUS PAULING
Químico antinuclear USA

··

Si Dios creó el mal que lo ofende, es un caso extremo de masoquista.
CESARE PAVESE escritor Italiano

··

DIOS ES PARA MÍ UN
TREMENDO ENIGMA.
Javier Peñalosa Poeta.

....

TOMÁS PERRÍN poeta :
"¡Que desclaven a Cristo,
que lo dejen abrazarnos a todos!"

....

El que creó a Dios era un tonto, el
que habla de él, un charlatán y el
que lo fabrica, un bárbaro.
PERIYAR reformista hindú

EVA
PERÓN
" Sin fanatismo no podremos
lograr nada "

....

La Biblia contiene mucho que aún
es relevante actualmente: por
ejemplo, que Noé empleó 40 días
en encontrar dónde estacionarse.
LAURENCE J. PETER
Autor de El principio de Peter

LA TRINIDAD ES EL
NOMBRE DE UN
COMITÉ DE DIOSES.
Obispo James E. Pike

....

En realidad Dios es só-
lo un artista del mon-
tón: inventó la jirafa,
el elefante, el gato...
pero no tiene un estilo
definido.
PABLO PICASSO

¡Le colmaron la medida!
El hombre se calentó,
y, a latigazos, del templo,
¡mercaderes!, los lanzó...

Lo primero que trajo los dioses
a la tierra fue el temor.
PETRONIUS escritor

....

**LA IGLESIA NO PROHIBE LA BÚSQUE-
DA CIENTÍFICA O LAS DISCUSIONES
SOBRE LA BIBLIA, excepto EN EL
CASO DE LA EVOLUCIÓN.**
Pio XII

....

ERA UN HOMBRE MUY SABIO EL
QUE INVENTÓ A DIOS.
P L A T Ó N

**EL HOMBRE ES MORTAL POR SUS
TEMORES E INMORTAL POR
SU PENSAMIENTO.**
Pitágoras

....

En pocas palabras, además de lo
conocido y lo desconocido, ¿qué
más hay ?
HAROLD PINTER
Dramaturgo Inglés

....

**MAX PLANCK (1858-1947)
Físico Alemán**
*

La verdad no triunfa jamás, pero sus
adversarios acaban por morirse.

El tonto rechaza lo que ve y no lo
que piensa; el sabio rechaza lo que
piensa y no lo que ve.
HUANG PO

....

La religión está envuelta en fraude,
miedo, voracidad, imaginación y una
pizca de poesía.
*

La idea de Dios es lo que más se
acerca a lo imposible.
**EDGAR ALLAN POE
(1809-1849) escritor**

....

Si alguien cree en Dios, allá él. No me
interesa persuadirlo de lo contrario.
Yo no soy antirreligiosa, simplemente
soy anticlerical.
KATHA POLLITT
Escritora y feminista

....

**El peor de los locos es el santo que
enloqueció. ALEXANDER POPE**

Levine / The New York Times

Edgar Allan Poe

El **Padre Mamaciel** sentía un verdadero amor por los miembros de su congregación, particularmente por los más pequeños. Lo emocionaba grandemente verlos crecer cerca de él...

Helguera / El Chamuco

Dentro de la naturaleza humana está creer en Dios. Es un impulso primario. La educación tiene mucho que ver: crees porque te enseñan a creer.

*

CREO EN LA FE DE LOS DEMÁS.

*

Creo que, tanto el cielo como el infierno, los vivimos aquí.

*

Para mí la devoción NO es ir a la iglesia, ni prender una veladora, ni rezarle a una imagen. Siento devoción por quienes quiero y admiro.

**Elenita Poniatowska
Mi escritora favorita**

*

Naranjo / México

125

Cuando perdí la confianza en Dios y dejé de creer en la inmortalidad, me volví más fuerte y sentí que me libraba de una mala enfermedad.
SAMUEL PUTNAM
Ministro

El gran Dios Ra, cuyos santuarios ocupaban hectáreas, sólo sirve hoy para llenar crucigramas.
KEITH PRESTON

Respecto a los dioses, soy incapaz de decir si existen o no.
*

El hombre es la medida de todas las cosas.
PROTÁGORAS filósofo Griego

El gran enemigo del Cristianismo es esta maldita Era de la Información.
*

Para defenderse del Cristianismo no hay como una educación cristiana.
"Psycho" Dave

Lauzier / Argentina

La Ciencia debe empezar con mitos y proseguir criticándolos.
SIR KARL POPPER
(1902-1994) científico filósofo

La fe es un cáncer, una parálisis, una atrofia de la mente.
EZRA POUND poeta

EL MUNDO ESTÁ NECESITADO DE MENOS RELIGIÓN Y MÁS SENTIDO COMÚN
LLEWELYN POWYS

El problema de tener la mente abierta es que la gente insiste en llenártela de tonterías.

Debería haber menos crímenes en nombre de Cristo y más en nombre de Judas Iscariote.
*

THOMAS PYNCHON

126 **TERRY PRATCHETT**

¿ DIOS ESTARÁ SORDO ?

No creo en los rumores mal-intencionados que hablan de la inminente renuncia de la Virgen de Guadalupe, ni de ninguna otra persona o mandatario.

Naranjo / México

¡ CRISTO SÍ, CURAS NO !
PINTA

En el sexto día Dios creó al hombre; en el séptimo, el hombre le devolvió el favor.

EL RESPETO AL DERECHO AJENO, ES LA PAZ DE MI IZQUIERDO.

Helguera / El Chamuco

*E*l *Benemérito de las Américas*, de tan odiado que es por los miembros del clero, puede llegar a ser una imagen que nos permita alcanzar lo que tanto buscó Santa Teresa: el *éxtasis*.

127

● ●

Una vez que un gobernante se vuelve religioso, es imposible
discutir con él. Una vez que alguien gobierna en el nombre
de Dios, los gobernados viven un infierno.
MOAMMAR AL-QADAFFI dirigente de Libia

**Las religiones tienden a desaparecer cuando
mejora la situación económica del país.
RAYMOND QUENEAU**

EN CUANTO TUVE USO DE RAZÓN DECIDÍ ENTENDERME CON
DIOS PERSONALMENTE, SIN QUE ESTUVIERA DE POR MEDIO
RELIGIÓN ALGUNA. LAS RELIGIONES, PREDICANDO EL AMOR,
HAN CAUSADO MÁS ODIO, PASIÓN Y MUERTE QUE TODAS LAS
GUERRAS, PATRIOTISMO Y DIFERENCIAS RACIALES JUNTAS.

*

**ABEL QUEZADA
Monero Mexicano**

ESTANDO DIOS HACIENDO
EL UNIVERSO, LLAMÓ
A SU AYUDANTE Y LE
ORDENÓ:

No se rinde tributo a Dios sino al gru-
pito de autoridades que dice hablar
en su nombre. Por eso pecar no es
violar la integridad, sino desobedecer
a esa autoridad.

**SIR SARVEPALI RACHAKRISHNAN
(1888-1975) filósofo hindú**

**IGNACIO RAMÍREZ
"El Nigromante"
Escritor mexicano**
*

DIOS NO EXISTE: EL HOMBRE SE
SOSTIENE POR SÍ SOLO.

Pregúntate si el sueño de un cielo y
de grandeza debería esperarnos en la
tumba, o si deberíamos tenerlo aquí y
ahora en esta tierra.
*

La mente del hombre, dicen los místi-
cos del espíritu, debe subordinarse a
la voluntad de Dios... es decir, el propósito de la vida del hombre es convertirse en un abyecto zombie que
sirve un propósito que desconoce,
por razones que no debe nunca
cuestionarse.
*

La fe, en detrimento extremo para la
vida humana, es en sí la negación de
la razón.
*

Yo diría que el único mandamiento
moral debía ser "TÚ PENSARÁS", pero
un mandamiento moral NO es una ór-
den, y la moral debe escogerse, no
obedecerse. La razón no puede
aceptar órdenes.
*

Dios es sólo esta palabra: YO.
**AYN RAND (1905-1982)
Novelista USA**

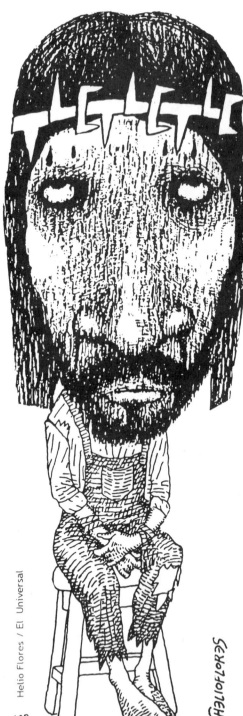

Helio Flores / El Universal

Qué pena me dan los niños a quienes les enseñan religión antes de tener uso de razón.

*

La religión está basada en la pura fe ciega, sin ninguna prueba de evidencia.

....

Para que quede bien establecida mi blasfemia, declaro aquí mi opinión de que la noción de Dios es pura superstición, que no hay evidencia alguna de la existencia de dioses o demonios, que los ángeles y santos son un puro mito, que el Papa es un ente peligroso, fanático, un dinosaurio medieval, que no hay vida después de la muerte y que el tal Espíritu Santo es un personaje de historieta, risible y ridículo.

JAMES RANDI ilusionista

Pobres cristianos que se creen la aristocracia del planeta y rezan por los millones de "infieles" que no son cristianos. No saben o no quieren saber que su rey es un fantasma y su cielo un puro sueño.

W. WINWOOD READ (1838-1875) autor y explorador inglés

La fe anda prendiendo velas por todas partes, pero la verdad llega y las va apagando todas.

*

LIZETTE REESE

La sexualidad es la enemiga mortal de las religiones místicas. La Iglesia, al hacer de sus dogmas el combate central contra el sexo, así lo confirma.
WILHELM REICH sicólogo

DIOS QUE TODO LO VE, CUÁNTO DEBE DIVERTIRSE...
*

Yo no sé si Dios existe, pero tomando en cuenta su reputación, seria mejor que no existiera.
JULES RENARD (1864-1910) Novelista Francés

....

¡ Oh Dios, si existes, salva mi alma si es que tengo una !
*

No puede darse ningún milagro que sea aceptado plenamente por la Ciencia. La experiencia demuestra, sin excepción, que los milagros ocurren sólo en los países que creen en ellos y en presencia de gente dispuesta a creer en ellos.
*

ERNEST RENAN (1823-1892) Escritor Francés autor de La vida de Jesús

....

La religión es la suma de escrúpulos que impide el uso de nuestras facultades.
SALOMON REINACH (1858-1932) filósofo

....

CRISTO ES UN MITO.
*

El nombre de Cristo ha causado más persecuciones, guerras y miserias que cualquier otro nombre.
JOHN E. REMSBURG autor

....

La fe nos hace avanzar, pero más adelante sólo encontramos oscuridad.
MARY RENAULT (1905-1988) Novelista USA

....

DIOS NO ES EL CREADOR, SINO EL GENDARME DEL UNIVERSO.
Alfonso Reyes Polígrafo mex.

131

Dios en la Tierra

LA POBLACIÓN estaba cerrada con odio y con piedras. Cerrada completamente como si sobre sus puertas y ventanas se hubieran colocado lápidas enormes, sin dimensión de tan profundas, de tan gruesas, de tan de Dios. Jamás un empecinamiento semejante, hecho de entidades incomprensibles, inabarcables, que venían... ¿de dónde? De la Biblia, del Génesis, de las Tinieblas, antes de la luz. Las rocas se mueven, las inmesas piedras del mundo cambian de sitio, avanzan un milímetro por siglo. Pero esto no se alteraba, este odio venía de lo más lejano y lo más bárbaro. Era el odio de Dios. Dios mismo estaba ahí apretando en su puño la vida, agarrando la Tierra entre sus dedos gruesos, entre sus descomunales dedos de encina y de rabia. Hasta un descreído no puede dejar de pensar en Dios. Porque, ¿quién si no Él? ¿Quién si no una cosa sin forma, sin principio ni fin, sin medida, puede cerrar las puertas de tal manera? Todas las puertas cerradas en nombre de Dios. Toda la locura y la terquedad del mundo en nombre de Dios. Dios de los Ejércitos; Dios de los dientes apretados; Dios fuerte y terrible, hostil y sordo, de piedra ardiendo, de sangre helada. Y eso era ahí y en todo lugar porque Él, según una vieja y enloquecedora maldición, está en todo lugar: en el siniestro silencio de la calle; en el colérico trabajo; en la sorprendida alcoba matrimonial; en los odios nupciales y en las iglesias, subiendo en anatemas por encima del pavor y de la consternación. Dios se había acumulado en las entrañas de los hombres como sólo puede acumularse la sangre, y salía en gritos, en despaciosa, cuidadosa, ordenada crueldad.

José Revueltas

Tomado de Antología personal, José Revueltas, FCE.

Thomas Nast /USA

Es la clase de gente que tiene que hablar con Dios porque nadie le hace caso.

*

Sería católico si la Iglesia fuera un poquito tolerante. Por ejemplo, si la hostia que dicen es el cuerpo de Cristo fuera como chocolate con nueces.

....

Hoy creo en lo que creía cuando tenía ocho años: la Ciencia.
RICK REYNOLDS comediante

Dios está muerto y a nadie le importa. Si existe el Infierno, ¡allá nos vemos !

*

El reino de Dios es el reino de la muerte, la pena y el sufrimiento.
TRENT REZNOR músico

....

Si vas a pecar, peca contra Dios, no contra la jerarquía burocrática. Dios puede perdonarte, pero nunca lo harán las burocracias.
HYMAN RICKOVER
Padre del submarino nuclear 133

RIUS
(Eduardo del Río) humorista
gráfico Mexicano.

*

Parece que la Iglesia Católica y Apostólica, también se apoya en el Apóstol Judas Iscariote...

*

Todos nacemos ateos, pero muchos no pueden evitar volverse creyentes.

*

La ignorancia es la madre de todas las religiones.

*

El creyente vive una pesadilla que cree ser un sueño delicioso.

*

La Iglesia está clara: si alguien le simpatiza, lo declara santo. Si no, lo declara hijo del demonio.

*

Católico es el que los domingos se arrepiente de lo que hizo el sábado.

*

Durante años le pedí a Dios que me volviera ateo. Y me escuchó.

El maestro Rius
Efrén

Es difícil aceptar que Cristo va a venir por segunda vez a la Tierra, después de lo mal que lo trataron la primera. Rius

Yo aceptaría una religión que tuviera sentido del humor. Pero como no la hay...
TOM ROBBINS

....

NO TENGO FE: LA FE ES PATRIMONIO DE LOS IDIOTAS,

*

¡ No hay Dios ni vírgenes, no sean estúpidos !

*

Mientras nuestros indios sigan fanatizados por los curas serán irredentos y nunca progresarán

*

DIEGO RIVERA Pintor Mexicano (1886-1962)

Ateo en el Hogar

—Dios ha de permitir que no borren mi fresco.

● ●

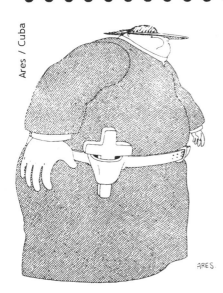

No he podido encontrar la diferencia entre la religión y la superstición.
J. M. ROBERTSON Historiador

....

Nos cuesta trabajo aceptar que los pensamientos de los demás pueden ser tan tontos como los nuestros.
JAMES H. ROBINSON Historiador USA

....

No es mi ejército el que aplasta la rebelión de los indios y la subversión comunista, sino el Espíritu Santo.
GRAL. EFRAÍN RÍOS MONTT Tiranuelo de Guatemala

....

135

Tenemos diez mandamientos, ¿ no es cierto? Bueno, es como un examen: apruebas ocho y ya pasaste.
MOREDECAI RICHLER escritor

● ● ● ● ● ● ● ● ● ● ● ● ● ● ● ● ● ●

JESUSA RODRÍGUEZ actriz
LILIANA FELIPE compositora

PLANCARTE (219)

Letra: recopilación de Jesusa Rodríguez y Liliana Felipe. Música: Liliana Felipe.

Hoy es domingo se casa Piringo
con una señora que no tiene tetas,
que fuma dormida que sueña al revéz,
que cuando se baña se ensucia los piés.

Estaba con su sobrino el arzobispo
y estaba su sobrino un poco chispo
pero además de chispo estaba acedo
y soltó una cosa que decir no puedo.
Y díjole a su sobrino el arzobispo:
Plancarte, vete con tu música a otra parte
porque en el regio reino arzobispal,
la música de viento suena mal.

Estaba el cardenal más bien absorto
pensando en los horrores del aborto,
pero además de absorto estaba pedo
y soltó una cosa que decir no puedo.
Y díjole a su amante el cardenal:
Plancarte, vete con tus fetos a otra parte
porque en el coto del cardenalicio
salvar a las mujeres es un vicio.

Estaba el Papa haciendo una tortilla
y pelaba la papa de maravilla,
pero los huevos los echaba enteros
y soltó una cosa que decir no puedo.
Y díjole el tubérculo a ese Papa:
Plancarte, vete con tu encíclica a otra parte
porque en el regio reino vegetal,
la mística barata suena mal.
Pélame la papa le dije al Papa y el Papa me la pela, me pela la papa. Me pela
la papa, el Papa me la pela, Quién pela la papa? El Papa me la pela.

136

¿ Dios? Es el que me ha dado toda la lana.
JOHN D. ROCKEFELLER

LA VERDAD OS HARÁ LIBRES...LA MENTIRA, CREYENTES.
PEPE RODRÍGUEZ
Autor e investigador Español

SI DIOS CONTROLA TODO, ¿POR QUE NO CONTROLA A SATANÁS ?
*

DEBEMOS CUESTIONARNOS POR QUÉ SI EL TODOPODEROSO Y SAPIENTÍSI-MO DIOS QUE CREÓ IMPERFECTOS A LOS HUMANOS, LES ECHA LA CULPA DE SUS IMPERFECCIONES.
Gene Rodenberry
(1921-1991)
Creador de la serie televisiva
Viaje a las estrellas (Star Trek)

Venía manejando temprano un domingo en la mañana, por Bakersfield, oyendo la gospel music en la radio, cuando dijo el cura: "Siempre tendrás al Señor a tu lado". Y feliz por la información me pasé veinte altos seguidos. ¡Bendito sea el Señor!
THE ROLLING STONES

No quiero que ningún grupo religioso controle nuestras escuelas. Deben quedar libres.
*

NADIE PUEDE HACERTE SENTIR INFERIOR SIN TU PERMISO.
Eleanor Roosevelt
Primera Dama de los USA

Antonio / Cuba

DEBEMOS INCULCARLE A NUESTRA GENTE LA TOLERANCIA RELIGIOSA JUNTO CON LA LIBERTAD DE CONCIENCIA Y PENSAMIENTO.
Franklin Delano Roosevelt
(1882-1945)
Presidente de los USA

SI ALGO DEFIENDO EN MI PATRIA ES LA ABSOLUTA LIBERTAD RELIGIOSA.
Theodore Roosevelt
(1858-1919)
Presidente de los USA

....

Un ateo no tiene nadie a quien agradecerle nada.
GABRIEL ROSSETTI pintor

Maurice Henry

JEAN ROSTAND

....

NO CREO EN DIOS, SINO EN ALGO SUPERIOR : LA MÚSICA.
Arthur Rubinstein
(1886-1982) director musical

Kretzschmar

Es un hecho comprobado que todos los niños son ateos y que así deben conservarse, sin ninguna religión.
*
Le pregunté a Dios si amar era pecado y nunca me contestó.
*
Si Dios se alegra de que seamos infelices y enfermos, odio a Dios.
ERNESTINE ROSE
(1810-1962)

....

Si yo creyera en Dios, tendría que ser en uno que nunca hablara.
*
DIOS ES EL CUARTO DE CACHIVACHES DE NUESTROS SUEÑOS.
*
Mata a un hombre y serás un asesino; mata a millones y serás un conquistador; mata a todos y serás Dios.
JEAN ROSTAND (1894-1977)
Escritor y biólogo Francés

● ● ● ● ● ● ● ● ● ● ● ●

....

Mientras menos razonable es un culto religioso, más será impuesto por la fuerza.
*
Los cristianos convencidos nacieron para ser esclavos.
*
Es un error hablar de una república cristiana, pues ambos términos se excluyen. El Cristianismo predica sólo esclavitud y dependencia, y las tiranías florecen bajo su mando.
JEAN-JACQUES ROUSSEAU
(1712-1778) filósofo Francés
autor de El Contrato Social

Puig Rosado /España

R. A. RUNCIE
Arzobispo de Canterbury
Sin los siglos de antisemitismo cristiano, Hitler no se hubiera sentido
apoyado.

*

El nacionalismo basado en Dios es el
más peligroso de los nacionalismos.

....

Para mí, la Iliada y la Biblia tienen el
mismo grado de credibilidad.
JOHN RUSKIN (1819-1900)
Pintor, filósofo y crítico de arte

Dios, Satanás, el Paraíso y el Infierno,
todo se me borró cuando cumplí 15
años y perdí la fe... y como para re-
afirmar mi ateísmo, me comí un enorme sandwich de jamón, nunca antes
probado por mí, comiendo por vez
primera la carne prohibida. ¡Y no me
pasó nada, ni me cayó del cielo un
rayo de castigo ! Desde entonces me
considero un ateo completo. No
pienso necesitar en la vida a ningún
Dios. No necesito a Dios para expli-
carme el mundo en el que vivo.
SALMAN RUSHDIE
**Escritor islámico condenado a muer-
te por los Ayatolas.**

JOHN RUSKIN

134

POR QUÉ NO SOY CRISTIANO

Mucha gente preferiría morir antes que pensar. De hecho muchos lo hacen.

*

El problema del mundo es que los idiotas y los fanáticos están convencidos de tener la razón.

*

El principal enemigo del progreso moral de la Humanidad es la religión Cristiana, lo digo firmemente.

*

Hasta donde recuerdo, no hay una sola palabra a favor de la inteligencia en todos los Evangelios.

*

Yo pienso que todas las grandes religiones del mundo -Budismo, Hinduísmo, Cristianismo, Islam y Comunismo- son falsas y dañinas.

*

La religión se basa primeramente en el temor. Es parte el terror a lo desconocido y parte el deseo de contar con una especie de hermano mayor que te va a ayudar en tus dudas y problemas. Temor a la vida misma y temor a la muerte. El miedo es el padre de la crueldad y la religión.

*

Me han dicho que los chinos han decidido cremarme y levantar a la orilla de un lago una pagoda en mi honor. No creo que eso ocurra, pero sería notable que un ateo como yo fuera convertido en un dios.

*

Algunas gentes sólo pueden ser felices si odian a otras gentes que no creen como ellos.

*

Las persecuciones más salvajes han sido a causa de la religión, no de las Matemáticas.

Ronald Searle / Inglaterra

SIR BERTRAND RUSSELL
(1872-1970) filósofo, **Premio Nobel**
140 **de Literatura y matemático**

"PADRE (O MADRE) NUESTRA QUE
ESTÁS EN LOS CIELOS (EL NIRVANA,
LA MECCA O SALT LAKE CITY),
BENDITO SEA TU NOMBRE, VENGA A
NOS TU REINO, HÁGASE TU VOLUN-
TAD SIEMPRE QUE COINCIDA CON LA
DE LOS ESTADOS UNIDOS.
EL PAN NUESTRO (TORTILLA, PIZZA,
PAN INTEGRAL, MUFFINS, TACOS,
CHAPATI O FRITOS) DÁNOSLO HOY,
NO NOS DEJES CAER EN TENTACIÓN
O VIAJAR EN AUTOBUSES QUE NOS
LLEVEN A BARRIOS DONDE NO AMAN
A LOS BLANQUITOS COMO TÚ.
AMÉN.

Mark Russell   humorista USA.

DIOS Y SUS CUATRO PROFETAS / Leopoldo Méndez

José Hernández

y ángeles y demonios sueltos que lo acompañan

NO LE TEMO A DIOS.
A LOS QUE LES TENGO PÁNICO ES
A LOS QUE TEMEN A DIOS.
SAADI (1184-1292)
Poeta y moralista Persa

Contraponer ciencia y religión es cosa
de gente con poca experiencia en
ambas cosas.
PAUL SABATIER Nobel de química

No hay Dios.
La naturaleza es
tan sabia que no
necesita autor.
*

La idea de Dios es
el único error que
no le perdono a la
humanidad.
MARQUÉS DE SADE
(1740-1814) autor

El Fisgón / El Chamuco

VACANTE

Cristo no tuvo madre. Lo digo como
lo dicen los mexicanos, porque en
realidad no tuvo ni madre, ni padre,
ni hijos, y de este modo no es difícil
ser Dios.
No te ensucies el alma con este
mugroso amor terrestre a tu mujer
que pelea, a tus padres que regañan,
a tus hermanos que traicionan, a tus
amigos que olvidan : dedícate al
divino amor de todos, al acuoso amor
que perdona las ofensas no recibi-
das y la gloriosa crucifixión.
*

Convengamos en que DIOS es una palabra útil. Allí donde no entiendo
nada digo Dios.
JAIME SABINES
Gran poeta chiapaneco

YO NO QUIERO CREER: QUIERO SABER.

*

Las pretensiones extraordinarias requieren de evidencias extraordinarias.

*

Para salvar a mi hijo de la polio no recé: fui y lo vacuné.

*

Es mejor la dura verdad que la reconfortante fantasía.

El celibato en el clero es una gran medida: impide que se procreen más fanáticos.

*

No se puede convencer a un creyente de nada, pues su creencia no se basa en la evidencia, sino en una profunda necesidad de creer.

*

CARL SAGAN
(1934-1996)
Escritor y astrónomo USA

143

ANTOINE DE SAINT-EXUPERY

La demagogia empieza cuando, en busca de un común denominador, el principio de igualdad degenera en el principio de identidad.

Escritor, autor de El Principito (1900-1944)

Somos más importantes que la Iglesia católica. No permitiré que en mis Olimpiadas haya sexo SIN preservativos.
JUAN ANTONIO SAMARANCH Presidente Olímpico

....

**Lo que sería de veras un milagro sería un partido de ping-pong entre Ray Charles y Stevie Wonder.
MICK LaSALLE periodista**

....

Sería muy cruel que después de trabajar duro, vivir duramente y morir, acabáramos en el infierno.
CARL SANDBURG (1878-1967) poeta USA

....

Parto de la idea de que Dios NO existe. Los débiles que carecen de un punto de apoyo lo encuentran en Dios. Por eso Dios es una necesidad para mucha gente.
Rubén Salazar Mallén FILÓSOFO MEXICANO

....

Dios para mí era una especie de cómplice y verdugo. Dios, el que vino con los conquistadores españoles ... y el que se manoseaba por el cura y las rezanderas.
JORGE SALDAÑA Conductor de TV

....

Dios es la explicación simplista que el hombre se da de las cosas que ignora.
LUIS SANDI Músico Mexicano

....

SAKI (H. H. Munro) Escritor Escocés (1870-1916)
Los clérigos se la pasan explicando desde el púlpito que la gran gloria del Cristianismo consiste en el hecho de que, aunque NO es verdadero ha sido necesario inventarlo.

¡ ABAJO LA SOCIEDAD DE CONSUMO !

¡ ateo !

Naide / Colombia

¡ NO TENGAMOS DIOSES NI AMOS !
Margaret Sanger (1879-1966)
Activista feminista USA

● ● ● ● ● ● ● ● ● ● ●

GEORGE SANTAYANA
(1863-1952) filósofo
*

Mi ateísmo, como el de Spinoza,
es una fe verdadera en el Universo
y niega todos los dioses creados
por el hombre, que sólo sirven a
los intereses humanos.
*

Yo no creo en Dios, pero por las
dudas, que conste que María sí
es su madre.
*

El hecho de haber nacido es un
mal augurio para la inmortalidad.
*

Con un mundo real basta y sobra.
....
El peor odio es el que se basa en
principios teológicos.
GEORGE SARTON historiador

Dios ha muerto... quizás sólo
era un sueño, quizás se escapó
del Universo como el alma de los
muertos.
*

La pasión humana es el reverso
de la de Cristo: el hombre se
pierde a sí mismo como hombre
a fin de que Dios pueda nacer.
Pero la idea de Dios es contradic-
toria y nos perdemos a nosotros
mismos en vano. El hombre es
una pasión inútil.
*

JEAN-PAUL SARTRE
(1905-1980) filósofo Francés

● ● ● ● ● ● ● ● ● ●

**Debemos reconocer que
la Teoría de la Evolución
es más que una hipótesis.**
Papa Juan Pablo II
En la Academia Pontificia de la Ciencia, el 28 de octubre de 1996.

****

Dzib / México

145

Me pregunto: ¿ Si Dios ha hablado, por qué no ha convencido a na-die ?
PERCY B. SHELLEY poeta (1792-1822)
Shelley escribió en 1811 un peque-ño libro llamado "La necesidad del ateísmo" que voló del escaparate de la librería en 20 minutos, no por su venta rápida, sino porque un reverendo Walker los retiró santamente indignado y los quemó en la calle, muy a la Hitler. Sólo quedó un ejemplar que el librero había apartado para él.

....

LOS ANTIABORCIONISTAS CREEN QUE LA VIDA COMIENZA CUANDO ESTÁS DE ACUERDO CON ELLOS.

....

Una naturaleza saludable no necesita Dios ni inmortalidad.
JOHANN SCHILLER
Poeta Alemán

....

DIOS ESTÁ DEMASIADO VIEJO PARA HACERNOS CASO. pinta

Estamos más cerca de Dios cuando más nos alejamos de una iglesia.

Si la Creación tuvo un propósito... ¿por qué el mundo no fue perfecto desde el primer momento ?
FREDERICH VON SCHELLING (1775-1854) filósofo

....

Como historiador, me divierte mu-cho oír que la religión judeo-cristiana trajo consigo la defensa de los derechos humanos, cuando todos sabemos que fue todo lo contrario.
ARTHUR SCHLESINGER
Historiador USA

....

Dios ha desaparecido a causa de la imagen presentada por la Iglesia durante siglos.
P. EDWARD SCHILLEBECK
Teólogo Dominico

El Roto / El País

NO HAY ABSOLUTO, NI RAZÓN, NI ESPÍRITU, NI DIOS EN EL MUNDO. SÓLO HAY UN INSTINTO BRUTAL.

*

LAS RELIGIONES SON COMO LAS LUCIÉRNAGAS. NECESITAN DE LA OSCURIDAD PARA BRILLAR.

*

Para millones de seres humanos el verdadero infierno es esta tierra.

*

La religión es la obra maestra del amaestramiento animal, al amaestrar a la gente en pensar lo que se le ordena.

**ARTHUR SCHOPENHAUER
(1788-1860) filósofo Alemán**

Arthur Schopenhauer,
autorretrato

¡Órale! Nos vamos a Acapulco de Semana Santa pero entre todos me ayudan a cargar esta chingadera.

**THEODORE SCHROEDER
(1864-1953) escritor**
La religión es la influencia más perniciosa que ha tenido la sociedad humana.

ME GUSTA LA BIBLIA, PERO ME GUSTA MÁS LA VERDAD.
J. Frank Schulman

MUCHOS VEN LAS IGLESIAS COMO UN ASCENSOR DIRECTO AL CIELO.

YO NO PECO POR NO DISTRAER A DIOS DE SUS GRANDES PROBLEMAS

Estoy convencido de que no existen los ateos; el ateo es una invención de los curas.
LEONARDO SCIACIA escritor

··

CHARLES SCHULTZ
(1922-2000) humorista autor de PEANUTS
*

Tengo una nueva filosofía: sólo voy a tener miedo una vez al día.
*

Me describo como "humanista laico". No puedo rezar porque no tengo a quien rezarle.

··

Hasta ahora ningún librepensador ha destruido iglesias, quemado creyentes o hecho escarnio de nadie para que NO crea, sino todo lo contrario.
*

Cuando las cosas van mal los hombres buscan a los dioses.
ETTA SEMPLE activista
(1855-1914)

··

MICHAEL SERVETIUS
(1511-1553) filósofo suizo y científico descubridor de la circulación de la sangre
*

Matar a un hombre no significa defender una doctrina, sino matar a un hombre.

El Fusgon / El Chamuco

AGNUS DEI

CORDERO DE DIOS QUE REDIMES LOS PECADOS DEL MUNDO.

(F.)

El Santo Padre Mamaciel, Pastor de Ovejas Descarriadas, amó y venereó siempre al Cordero de Dios que quita los pecados del mundo. Dando la paz y dirigiéndose a sus pequeñas ovejas les dijo: *Hijos míos; ahí les va el Santo Verbo, acójanlo en su seno. Esto es palabra de Dios.*

●●●●

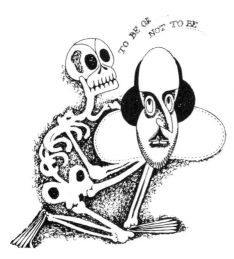

TO BE OR NOT TO BE

Los predicadores en los púlpitos nos hablan del significado de los libros sagrados, aunque cuando tú los lees por tu cuenta no encuentras el mismo significado en ninguna parte.
DR. SEUSS
(Theodore Seuss Geigel)
(1904-1991) humorista comics

....

WILLIAM SHAKESPEARE
(1564-1616)
Hereje es el que prende el fuego, no al que queman vivo.
*
A veces pienso que tengo menos humor que un cristiano.
*
La ignorancia hace creer en Dios.

GEORGE BERNARD SHAW
(1856-1950) dramaturgo Irlandés
*
El Cristianismo podría ser bueno si alguien se tomara la molestia de ponerlo en práctica.
*
¿Por qué debería aconsejarnos el Papa en cuestiones sexuales? Si alguien sabe de eso, seguro NO es él.
*
La gente común no reza : sólo pide.
*
Cuídate del hombre que tiene a su Dios en los cielos.
*
Hay sólo una religión, aunque hay más de cien versiones diferentes.

....

Las religiones más poderosas sólo son castillos en la arena: su base es la mentira.
UPTON SINCLAIR novelista
(1878-1968)

....

Milton Glaser

Si te pasas la vida diciendo que las cosas se están poniendo mal, tienes oportunidad de volverte profeta.
ISAAC BASHEVIS SINGER novelista

MATT
GROENING
es el caricatu-
rista gringo
padre de
LOS
SIMPSON
la tremenda
serie de
dibujos
animados que
vino a
revolucionar
el género
creado por
otro ateo:
WALT
DISNEY.
En Los Simpson,
que ha sido
prohibida en uno
que otro país,
aparecen cons-
tantemente prue-
bas comiquísimas
del ateísmo des-
enfadado de su
autor.

DIOS: LA AUTÉNTICA CONEXIÓN CON EL AMOR. (letrero luminoso)

....

MARGE. -No puedo creer que no quie-ras volver a la iglesia.
HOMERO. -¿Por qué es tan importante ir a ese edificio todos los domingos? ¿No está Dios en todas partes?
BART.- ¡Amén, hermano!

....

HOMERO.- ¡Nos han robado! ¡Vete al infierno!
FLANDERS. -¿También a ustedes? ¡A mí me robó mi toalla con el Santo Sudario de Turín!

....

LISTA DE VENGANZAS DE HOMERO:
"Derechos humanos, Abuelo, Darwin, Premios Emmy, Dios..."

....

FLANDERS. -¿Por qué yo, Señor? ¿En qué me he equivocado? No bebo, ni bailo, ni digo juramentos. ¡He hecho todo lo que dice la Biblia, incluso aquello en que se contradice a sí misma!

....

MARGE. -El Señor sólo pide una hora a la semana.
HOMERO. -Pues debió haber hecho la semana una hora más larga... ¡Valiente Dios!

....

FLANDERS. -En momentos como éste antes acudía a la Biblia para encon-trar consuelo, pero ahora ni la Biblia me puede ayudar.
HOMERO. -¿Por qué no?
FLANDERS. -Te la vendí en 7 centavos.

....

LOVEJOY. -Pida el divorcio.
MARGE. -Pero, ¿eso no es pecado?
L.- Pero Marge, casi todo es pecado. (Toma la Biblia) ¿Alguna vez se ha sentado a leer esto? ¡Técnicamente nos está prohibido hasta ir al baño!

HOMERO
-¡Hey, Flanders! De nada sirve rezar.
Yo mismo acabo de hacerlo y los dos
no vamos a ganar.

....

-¡Señor, tú estás en todas partes,
eres Omnívoro !

....

-He comprendido por qué Dios nos
ofrece el azúcar en pequeños sobre-
citos... y por qué vive en una planta-
ción en Hawaii.

....

En una nota que aparece dentro de la
cabeza de Homero cuando es usada
como bola de boliche, se puede leer :
"Te debo un cerebro. Firmado: DIOS".

....

Homero usa una grabación de la Biblia
para dormirse rápido.

....

(Volando en un avión de una Iglesia
que lo ha secuestrado para llevárselo
como misionero a la Micronesia.)
-¡No soy misionero, ni siquiera creo en
Jesús ! ¡ Jesús, sálvame !

....

Lisa, si hay algo que nos ha enseñado
la Biblia, y no lo ha hecho, es que las
chavas tienen sus propios deportes
como boxeo en bikini, lucha libre en
lodo, etc.

....

BART :
- Como esta comida la hemos pagado
nosotros, gracias por nada.

....

-¡Ay Milhouse! Eso del alma es un
cuento. Eso lo han inventado para
asustar a los niños, como el Hombre
del Costal y Michael Jackson.

....

LISA
(jugando a la botella de preguntas sobre la Biblia):
-Hummm, es que verá... ¡No estamos
bautizados !

....

MARGE hablando de Flanders:
-¿No lo notas un poco inclinado ?
Homero:
-Formará parte de los planes de Dios.

La Biblia es el mayor fraude de la historia. Los personajes del Antiguo Testamento estarían hoy en las cárceles; y los del Nuevo, bajo tratamiento siquiátrico.
*
CHARLES SMITH (1887-1964) juez de la Suprema Corte.

Jesús era como un párroco demagogo.
*
Es más fácil suponer que el Universo ha existido por toda la eternidad, que concebir a alguien capaz de crearlo.
*
La gente cree en Dios por la tradición oral de padres a hijos, y nunca se pone a pensar por qué se arrodilló a rezar el primero de sus antepasados.
Shelley.....................................
No considero una señal de amor divino condenar al infierno a alguien que se equivocó de creencia.
MOSHE SHULMAN

EL PROBLEMA CENTRAL DEL CRISTIANISMO ES : SI EL MESÍAS YA VINO, ¿POR QUÉ ES EL MUNDO TAN MALO? PARA EL JUDAÍSMO ES AL REVÉS: ¿SI EL MUNDO ES TAN MALO, POR QUÉ NO VIENE EL MESÍAS ?
Seymour Siegel

La naturaleza de Dios depende de la época o cultura en que es inventado.
SOLOMON SKINK

NO CREO EN DIOS, POR ESO NO TENGO MIEDO DE MORIRME. B.F. Skinner PSICÓLOGO (1904-1990)

Si yo hubiese sido la Virgen María, hubiera dicho que "NO".
*
MARGARET "STEVIE" SMITH

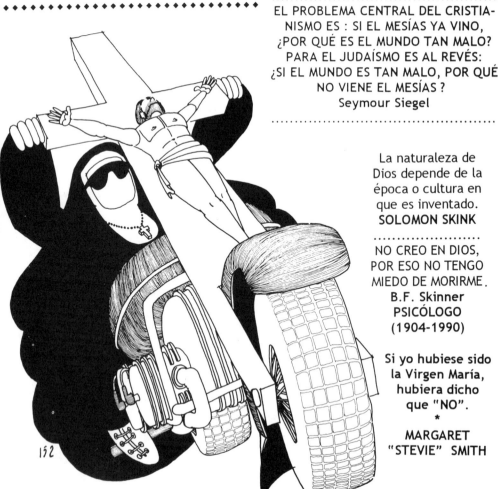

152

Chumy Chumez / España

La Ciencia no ha encontrado a Dios porque no se ha decidido a buscarlo.

*

Los verdaderos creyentes no se dejan convencer por los hechos.
PROF. GARY SLOAN

● ● ● ● ● ● ● ● ● ● ● ●

A LA MEJOR JESÚS MURIÓ POR LOS PECADOS DE ALGUIEN, PERO SEGURO QUE NO POR LOS MÍOS.

*

Necesitamos una nueva cosmología. Nuevos dioses. Nuevos sacramentos. Otro trago.

*

Patti Smith

....

RAFAEL SOLANA
Dramaturgo Mexicano
¿Creyente? Quisiera serlo. Después de todo, el opio de los pueblos no es peor que otros opios.

....

EL CAMINO DEL INFIERNO ESTÁ PAVIMENTADO CON SANTAS BIBLIAS.
Kevin Solway

....

Soy atea porque ninguna de las otras opciones me convenció.
BARBARA SMOKER filósofa

....

La religión es, probablemente, junto con el sexo, el segundo método más antiguo de sonarnos la mente.
SUSAN SONTAG escritora

153

¡ dile NO a la Religión !
Ésa es la peor de las drogas.
*
TIM SMITH

¿ Y SI DIOS FUERA "ELLA" ?
Pinta en Boston

La única excusa de Dios es que no existe.
*
Todas las religiones se basan en el temor de muchos en prove-cho de unos cuantos.
STENDHAL
Novelista Francés

Kretzschmar

La fe ciega sólo encuentra la obediencia ciega.
*
Llamo libre sólo al que se deja guiar por la razón.
*
BARUCH DE SPINOZA
(1632-1677) filósofo

ORA PRO NOBIS.. ORA PRO NOBIS.. ORA PRO

EL SACERDOTE ES UN POBRE CASTRADO MENTAL.
*
QUIEN DEBERÍA OCUPARSE DE LOS SANTOS ES LA PSIQUIATRÍA, NO LA MADRE IGLESIA.
*
¿ Y QUIÉN SINO DIOS, PUSO A LA SERPIENTE EN EL PARAÍSO ?
*
LA BIBLIA PUEDE SER EL LIBRO MÁS DIFUNDIDO EN EL MUNDO, LO QUE NO SIGNIFICA QUE SEA EL MÁS LEÍDO.
*
LA ETERNIDAD DE DIOS YA SE ACABÓ.
*
Giovanni Soriano
Escritor Italiano

Los agnósticos nos declaramos incapa-ces de entender lo que los teólogos y metafísicos han declarado dogma.
*
El Cristianismo es ajeno a mi naturale-za emocional e intelectual.
*
Basta sólo remontarse al pasado bár-baro e inicuo de papas y reyes, para convencerse de la falsedad de las creencias e Iglesias que aún existen.
*
HERBERT SPENCER
Filósofo (1820-1903)

Heinrich Kley / Simplicissimus

● ● ● ● ●

No creo posible la existencia de un Dios que vigila los actos humanos, que oye las plegarias y ordena a la gente seguir sus mandatos : pienso que hay mucha maldad en eso.

*

DR. BENJAMIN SPOCK
Pediatra

Siento mucho informarle a todo el auditorio que Dios no existe.

*

He aquí lo que nos pasa cuando nos morimos: nos meten a una caja para que nos coman los pinches gusanos. Les garantizo que nada divertido ocurre al morirnos.

*

La religión ha dividido a la gente...Yo no veo ninguna diferencia entre un papa vestido de lujo, con un gran cucurucho en la cabeza, y un curandero africano con la cara empanizada de blanco.

*

HOWARD STERN
En la radio

....

ROBERT LOUIS STEVENSON
Novelista, al hablar de la muerte de Matthew Arnold:

*

"...pobre hombre, sin duda ha ido al Cielo; lástima que Dios le cae mal..."

Nos han tomado el pelo: Dios
no existe.

*

¿El Papa? ¿Cuántas divisiones tiene?

*

JOSÉ STALIN (1879-1953)
Dictador de la URSS

LA MORAL SÓLO ES MORAL
CUANDO ES VOLUNTARIA.
Joseph L. Steffens (1866-1936)

¡Qué tragedia es haber inventado a
Dios y tener que soportarlo!
ROD STEIGER actor

La respuesta es que no la hay.
GERTRUDE STEIN escritora
(1874-1946)

"LA EDAD DE LA RAZÓN" fue el libro
responsable de volver incrédulas a
más personas, exceptuando claro a
la Biblia.
GORDON STEIN

Esto es lo que creo: que la mente
exploradora del hombre es lo más
valioso que hay sobre la tierra.
Yo lucho contra toda religión o gobierno que limite o destruya al
hombre pensante.

*

JOHN STEINBECK (1902-1968)
Premio Nobel de Literatura

La Ciencia no ha encontrado seres
sobrenaturales o conceptos metafísicos como Dios, la inmortalidad, el
infinito,etc. Debemos confesar que a
la luz de la Ciencia, no hay Dios, ni
alma ni nada ajeno al organismo.

CHARLES P. STEINMETZ

Naranjo / México

Los fundamentalistas creen seriamente cada palabra de la Biblia, pero su vida es como un castillo de
naipes y cada carta es un dogma de
fe. Si remueves una carta, todo el
castillo se viene abajo...

*

MORRIS SULLIVAN escritor

ESTE PINCHE MUNDO
ES LA PRUEBA DE QUE
DIOS ES UN COMITÉ.
Bob Stokes

....

**J. MICHAEL
STRACZYNSKI,
productor del film
Babilonia 5, responde
a un fan que lo llama
"Dios"** :
"Gracias, pero me te-
mo que no puedo
aceptarlo. Mire: yo soy
ateo y si yo soy Dios,
no creo en mí mismo...
y a estas alturas de mi
vida no puedo echar-
me encima tamaña
inseguridad. "

....

¡ Qué bien se afilan y
qué cortantes quedan
las espadas en las pie-
dras del altar !
**G. STIPBERGER
Teólogo católico**

....

*

**Es un insulto a Dios
creer en Dios. En pri-
mer lugar porque ha
perpetrado actos de
incalculable crueldad
Y en segundo, porque
se supone que le ha
dado al hombre un
intelecto que lo lle-
va -inevitablemente-
si es honesto y des-
apasionado, a negar
su existencia.**
*
**GALEN STRAWSON
Filósofo Inglés**

Si quieres ser patriota
Odia a todas las naciones
Menos a la tuya.
Para ser religioso,
A todas las sectas
Menos a la tuya.
Para ser moral
A todas las maldades
Menos a las tuyas.
*

**LIONEL STRACHEY
(1864-1927) escritor Inglés**

....

ESTOY TAN LEJOS DE CREER EN DIOS
QUE SOLO SÉ CHISTES SOBRE ÉL.
Donald Sutherland ACTOR

....

Si no regreso al púlpito este domingo, millones de gentes se irán a
los infiernos.
REV. JIMMY SWAGGART

Chumy Chumez / España

**Tenemos bastante religión para
odiarnos, pero no suficiente
para amarnos.**
*

La religión, con sus supuestos cielo
e infierno, su "palabra de Dios",
sus sacramentos y veinte cosas
más, es una absoluta negación
del humor y el ingenio.
**JONATHAN SWIFT
(1667-1745) escritor Irlandés**

Si tuviera que hacer una escultura
de Dios, saldría una inmensa
obra abstracta.
LUIS STREMPLER escultor mexicano

··

La bestia de la fe
Vive en su propio estiércol.
A.C. SWINBURNE
(1837-1909) poeta Inglés

··

**SI TÚ HABLAS CON DIOS, ESTÁS
REZANDO; SI DIOS HABLA CONTI-
GO, ESTÁS ESQUIZOFRÉNICO.**
Thomas Szasz psiquiatra

Ilustración del *Gargantúa,* de Rabelais, por H. Paul

Yo no creo en la divinidad de Jesucristo, ni estoy de acuerdo con los postulados cristianos.
WILLIAM HOWARD TAFT
(1857-1930) Presidente USA

....

A la gente le va mejor cuando se guía por los resultados de sus acciones, no por principios morales religiosos, ni por curas o mandamientos y credos.
*

La religión no tiene nada que ver con la razón o la experiencia, pero sí con las necesidades irracionales.
RICHARD TAYLOR
Escritor científico

....

LA RELIGIÓN DE NUESTROS DÍAS SE BASA PRINCIPALMENTE EN LA MERCADOTECNIA Y LA PROPAGANDA
Edwin W. Teale ESCRITOR

Hay más fe en la duda
Créanme, que en la
Mitad de las creencias.
*

LORD ALFRED TENNYSON
(1809-1892) poeta Inglés

....

Me llena de alegría saber que
Esos que me mandan al Infierno
Se van a ir al Cielo:
Destinos separados.
MARTIN TERMAN

....

Es absurdo que un Hijo de Dios muera a manos de los hombres y más absurdo que sea enterrado y luego resucite. El hecho en sí es totalmente imposible.
*

TERTULIANO
Padre de la Iglesia

....

Si tengo alguna idea sobre la inmortalidad, es que algunos perros seguro van al cielo, pero personas, muy pocas.

*

JAMES THURBER
(1894-1961) Humorista USA

No teníamos contemplado ningún milagro en nuestro proyecto, pero esta estatua de la Madonna puede quedar bien en el nuevo Parque de atracciones acuáticas.

PIETRO TIDEI   alcalde de Civitavecchia

ESTOY ACÁ ARRIBA EN LOS CIELOS Y NO HE VISTO A NINGÚN DIOS.

*

Yo no creo en Dios. Creo en el Hombre y su razón, sus posibilidades, su fuerza.
GHERMAN TITOV
(1935-2000) astronauta URSS

La locura religiosa es muy común en los Estados Unidos. En Europa no se da tanto fanatismo.
ALEXIS DE TOCQUEVILLE
(1805-1859) escritor Francés

Los Papas, desgraciadamente para el Cristianismo, han promovido y llevado a cabo cientos de guerras. Eso lo sabe todo mundo.
P. ALIGHIERO TONDI
Sacerdote Jesuita italiano

Yo creo que Cristo era un hombre como nosotros. Verlo como Dios es el peor de los sacrilegios.

*

El deseo de bienestar universal es lo que llamamos Dios.

*

LEON TOLSTOY
(1828-1910) escritor Ruso

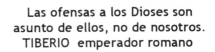

Las ofensas a los Dioses son
asunto de ellos, no de nosotros.
TIBERIO emperador romano

....

HENRY DAVID THOREAU
Cuando en su lecho de muerte le
preguntaron si iba a hacer las paces
con Dios, contestó: "No sabía que
nos habíamos peleado... "

Posiblemente haya Dioses, pero seguro
que los hombres no les importamos.
*
Nuestro comportamiento se ha corrom-
pido al contacto con los santos.
*
HENRI DAVID THOREAU
(1817-1862) escritor (Walden)

Quino

En el principio el
Hombre creó a
Dios; y lo creó a
su propia Ima-
gen.
JETHRO TULL
Rockero

....

No hay que olvi-
dar que todos
los dioses -y
Dios mismo- son
creación del
hombre, y no al
revés.
BARBARA
TUCHMAN
Premio Pulitzer
Escritora

....

161

DAME SYBIL THORNDIKE
Actriz Inglesa
Me eduqué con un clérigo, así que ya sabrán que soy una gran mentirosa.

....

SI DIOS ES NUESTRO PADRE, ENTONCES SATANÁS DEBE SER PRIMO NUESTRO. ¿POR QUÉ NADIE COMPRENDE ESTAS IMPORTANTÍSIMAS COSAS ?
Tool

HONORE TRACY
El sacerdote les dice a sus parroquianos que deben rechazar todas las supersticiones, menos las aprobadas por la Iglesia.

....

El clero católico de México, predicando la sumisión a la voluntad divina, ha sostenido todas las tiranías, y señalando al cielo, se ha apoderado de todos los bienes de la Tierra.
ALFONSO TORO historiador

●◦●●

" cuando yo tenía 7 u 8 años la fe en Dios era, oficialmente, cosa descontada. Recuerdo que un día, una visita que teníamos me preguntó:
-Vamos a ver,¿que es Dios?
-Dios -le contesté sin vacilar- es una especie de hombre.
-No, Dios no es un hombre. La visita movió la cabeza como reproche.
-¿Pues qué es entonces? -torné yo a preguntar, pues no siendo hombres no conocía más que animales y plantas.

*

Un día en que descubrí en las palabras del profesor una cierta ambigüedad, le pregunté:
-Si admitiéramos, como piensan muchos, que Dios no existe, ¿cómo creeríamos que se había hecho el mundo?
-¡Hum! -gruñó el profesor- ¡Pregúnteselo usted a él !

*

Levine / The New York Times

Trotsky

LEÓN TROTSKY
(1878-1940)
Escritor, revolucionario y uno de los fundadores de la URSS

Poma o morte! (disegno di Gal)

IVAN TURGENEV
(1818-1883)
Escritor Ruso
*

El hombre cuando reza, pide milagros. Cada oración se reduce a esto: Señor Dios, haz que 2+2 no sean Cuatro.

*

Hay que tener el valor de no creer en nada.

....

DIOS, SABEMOS QUE ESTÁS AL FRENTE DE TODO PERO, ¿NO LO PODRÍAS HACER MÁS OBVIO?

*

ARZOBISPO DESMOND TUTU 1990
Discurso ante los estudiantes de West Point

La fe es creer en algo que se sabe que NO es cierto.

*

No quiero comprometerme con el cielo ni con el infierno: en las dos partes tengo amigos.

*

Iría al Cielo por el clima, al Infierno por la compañía.

*

Si hay un Dios debe ser un malvado.

*

Un hombre es aceptado en la iglesia por lo que CREE y botado por lo que PIENSA.

*

Seguro que Dios ama a los imbéciles : hizo tantos...

*

Toda la Biblia condena al Diablo, pero nunca hemos oído su versión.

*

MARK TWAIN escritor humorista
(1835-1910)

....

163

FUI A LA IGLESIA A CONFESARLE A DIOS MIS PECADOS, PERO ME DI CUENTA DE QUE NO HABÍA DIOS NI YO TENÍA PECADOS.

(graffiti en un baño de la ciudad de Cáceres, España)

A Natividad. Carrazco lo atropeyó un mini-bus. Luego lo patió. La mula de su tio Monchis. Luego le dieron cataratas y por no veer se callo debajo del trascabo Chalmers. Le pidio al Sto Niño del trapichi y Santo Remedio. No le a vuelto asuseder nada

●●

Tortura

¿ HAN OBTENIDO LA CONFESIÓN DEL ACUSADO?

Si, Señor... LA CONFESIÓN E INCLUSO LA EXTREMAUNCIÓN

el PERICH 15

¿Dios es macho o hembra ?
Unamuno

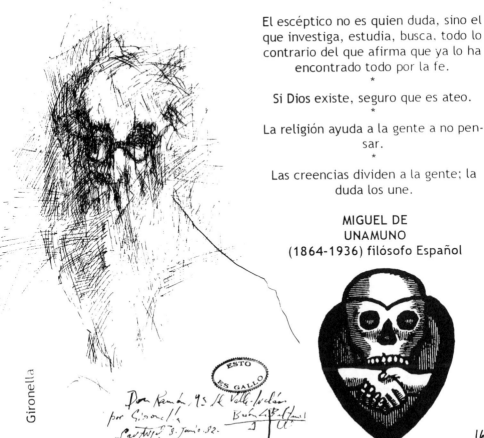

El escéptico no es quien duda, sino el
que investiga, estudia, busca, todo lo
contrario del que afirma que ya lo ha
encontrado todo por la fe.

*

Si Dios existe, seguro que es ateo.

*

La religión ayuda a la gente a no pensar.

*

Las creencias dividen a la gente; la
duda los une.

**MIGUEL DE
UNAMUNO
(1864-1936) filósofo Español**

Gironella

ESTO
ES GALLO

* *

Un discípulo le pregunta a su maestro
los secretos del Universo. El maestro
con una fruta en la mano, le dice:
-¿Quieres saber de dónde venimos?,
pues rompe la fruta. ¿Qué hay?
-Una semilla.
-Bueno, de ahí viene la fruta- Ahora,
rompe la semilla. ¿Qué hay?
-Nada.
-De ahí venimos.
*

UPANISHADS libro sagrado hindú

....

El mundo fue creado el 22 de oct. De
4004 a.C. A las 6 de la tarde.
ARZOBISPO USHER (1581-1656)

....

JOHN UPDIKE (1932-   ) escritor
*

Dios es la proyección en la realidad
de nuestro optimismo.
*

Siempre que la religión se acerca a
la ciencia, se quema.

....

La religión es la flojera de pensar.
*

La mayoría teme a la muerte porque
no han hecho nada en la vida.
PETER USTINOV
(1921-2000) actor Inglés

PAUL VALERY
(1871-1945) poeta Francés
*

Dios hizo todo de la nada, pero la nada
estaba vacía.
*

Aquello que es creído por todos desde
hace mucho tiempo y dondequiera, es
casi seguro que no es cierto.
*

¿Quién ha hecho el mundo ? Ésta no es
una pregunta, es un dogma.

La libertad y la religión se excluyen.
*

¡Poned a los mercaderes de la religión
fuera del templo, de las escuelas, de
la inocencia... !
*

VARGAS VILA escritor Colombiano

Tenemos que discutir, no basados en
una autoridad, sino en el
pensamiento libre.
LEONARDO DA VINCI
(1452-1519)

167

maurice
henry.

Dios ha sido sustituido
por el Big Brother.
*

Dios se ha marchado: nos
queda la TV.
Manuel Vázquez Montalban
Escritor Español

Levine / The New York Times

168

La mentira

Las religiones se parecen a los inventos de Rube Goldberg.

*

La fe de mis padres era el ateísmo, así que yo la heredé.

Dígase lo que se quiera del dulce milagro de la fe ciega, considero aterradora y despreciable la capacidad de tenerla.

*

KURT VONNEGUT JR. Novelista USA

....

DIOS ES COMO SANTA CLAUS: SOLO LOS NIÑOS CREEN EN ELLOS.

PETER DE VRIES (1910-1993) Humorista USA

....

EDDIE VEDDER cantante
Quisiera imaginarme qué hacíamos antes de que hubiera religiones en este planeta.

....

El Cristianismo es la religión más tonta que he conocido.

*

Necesitas la religión cuando tienes terror a la muerte.

*

GORE VIDAL novelista USA

Siné / Francia

chat noire

V O L T A I R E
(Francois-Marie Arouet) 1694-1778
Filósofo y escritor Francés
*

Una de las "pruebas" de la inmortalidad del alma -dicen- es que millones
de gentes así lo creen. Millones creían
también que la tierra era plana.
*

Dios es un comediante actuando ante
un público con miedo de reírse.
*

El Cristianismo es la más ridícula, la
más absurda y la más sangrienta religión que ha existido en el mundo.
*

Un cura es aquel que vive sin trabajar,
a expensas de los pobres que trabajan
para vivir.

Si Dios no existe
habría que
inventarlo.
*

Es sólo una de las
supersticiones de
la mente humana
imaginarse que la
virginidad es
una virtud.
*

El primer sacer-
dote que hubo
fue el primer
sinvergüenza que
se topó con el
primer tonto.
*

INSPIRACIÓN: una
peculiar flatulen-
cia divina produ-
cida por el
Espíritu Santo
que penetra por
las orejas de los
pocos elegidos
de Dios.
*

Dios creó el sexo
y los curas el
matrimonio.

OOOOOOOOOOOOOOOOOOOOOOOOOOOOOOOO

Debemos concluir que el Cristianismo
se ha vuelto la religión de
los ignorantes. No se justifica su
existencia en estos tiempos.

*

La Iglesia es un banco que recibe todo
el tiempo depósitos, pero que nunca
paga dividendos.

*

Los sacerdotes perdonan al criminal,
pero no al filósofo.

*

Donde se planta la Cruz, sólo
nacen supersticiones.

*

Las oraciones son como las bombas de
los pozos secos: hacen mucho ruido
pero no sacan agua.

*

El teólogo es el que usa la palabra
"Dios" para disfrazar su ignorancia.

*

¡Bendito sea el primer hombre
que dudó !

*

LEMUEL K. WASHBURN
Ensayista y Librepensador USA

No es que no hay Demonio : es el
mismo Dios cuando bebe.
TOM WAITS

....

Me rehúso a ser catalogado como
inmoral por el hecho de ser ateo.
PETER WALKER

....

**El mejor momento para un ateo es
cuando se siente agradecido y no tiene a nadie a quien darle las gracias.**
WENDY WARD

Le agradezco a Dios ser católico pues
así siempre tengo sexo "sucio".
JOHN WATERS

....

**MUCHOS DE LOS CLÉRIGOS NO CREEN
EN NADA, PERO COBRAN COMO
SI CREYERAN.**
Evelyn Waugh
(1903-1966) escritor Inglés

....

La Ciencia no debe combatir la religión; basta con ignorarla.
STEVEN WEINBERG físico Nobel.

Steinberg

**H.G.WELLS (1866-1946)
Novelista Inglés**
LO PEOR DEL CRISTIANISMO
SON LOS CRISTIANOS.
"

No creo en ninguna inmortalidad. El
peor mal del mundo es el Cristianismo
y tampoco es -espero- inmortal.
*

....

Un ateo puede ser simplemente una
persona cuya fe y amor se concentran
en los aspectos impersonales de Dios.
**SIMONE WEIL
(1909-1943) filósofo**

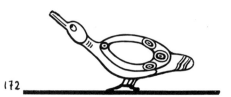

**EL CRISTIANISMO
ES UNO DE LOS
MÁS GRANDES
DESASTRES DE
LA RAZA
HUMANA.**
*

Una de las cosas más extrañas en la
historia de la literatura es la ausencia
total de humor en la Biblia.
*

**ALFRED N. WHITEHEAD
(1861-1947) filósofo y matemático**

....

No puedo imaginar tan cruel que cobra
a sus hijos predilectos pecados
imaginarios.
*

Deja que los estúpidos discutan a Dios.
No hay más divino que uno mismo.
*

**WALT WHITMAN
(1819-1892) poeta USA**

....

Cuando pienso en todo el mal que ha causado la Biblia, me aterroriza que un día yo escriba algo parecido.

*

Cuando los dioses quieren castigarnos, responden nuestras plegarias.

*

Ninguna cosa es necesariamente cierta por alguien que haya muerto por ella.

*

OSCAR WILDE
(1854-1900) escritor Irlandés

++++++++++++++++++++++++++++

La cocaína es la forma en que Dios nos dice que tenemos demasiado dinero.
ROBIN WILLIAMS actor

....

Todas las teologías occidentales y toda su mitología se basan en la idea de un Dios que es un delincuente senil.
TENNESSEE WILLIAMS
(1914-1997) dramaturgo

....

EL DIABLO FUE INVENTADO POR LOS VERDADEROS MALVADOS DEL MUNDO.
Robert Anton Wilson

....

VIRGINIA
WOOLF
Nuestra vida es una incertidumbre..un ciego que tantea en el vacío en busca de un mundo mejor que supone existe.
(1882-1941)
Escritora

Una religión que busca el poder político
no es una buena religión.
THOMAS WOLFFE
Novelista

THOMAS WOLFE

1/Si hay un Dios (Él o Ella),
no nos toman en cuenta.
2/ Él o Ella no están de
nuestro lado.
3/ Él o Ella es indiferente.
4/ Él o Ella es BLANCO.
BOBBY E. WRIGHT
Sociólogo negro USA

EL CRISTIANISMO HA FRACASADO
TERRIBLEMENTE EN MEJORAR A LOS
SERES HUMANOS.
Elizur Wright (1804-1885)
Ministro Reformista

FRANK LLYOD WRIGHT
(1869-1959) arquitecto
*
Yo creo en Dios, pero lo llamo
Naturaleza.

Badge of the Order of the
Golden Fleece.

✳✳✳✳✳✳✳✳✳✳✳✳✳✳✳✳✳✳✳✳✳✳✳✳✳

HACHFELD   Hachfeld / Alemania

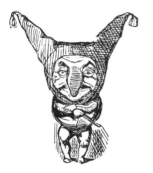

Muchos son ateos solo cuando les va bien.
EDWARD YOUNG

HENRY YOUNGMAN
Una vez quise hacerme ateo pero desistí: no tienen vacaciones.

La religión es una manipulación de lo invisible y lo incognoscible, cosas que se prestan maravillosamente para manipular a la gente.

*

Soy pagano. Me he alejado paso a paso del Cristianismo y ya no pertenezco al rebaño cristiano: no tolero los dogmas.

*

Si la religión cerrara la boca cuando habla la Ciencia, parecería infinitamente menos tonta.

+

LIN YUTANG
Escritor chino-americano

Los animales fieros y ponzoñosos fueron creados para aterrorizar al hombre, pues Dios previó que pecaría y a fin de que estuviera prevenido para el castigo final que es el infierno.
Venerable Beda

Las preguntitas

Un día yo pregunté:
-Abuelo, ¿dónde está Dios?
Me miró con ojos tristes
y nada me respondió.
Mi abuelo murió en los campos
sin rezo ni confesión
/y lo enterraron los indios,
flauta de caña y tambor.

Al tiempo yo pregunté:
-Padre, ¿qué sabes de Dios?
Mi padre se puso serio
y nada me respondió.
Mi padre murió en la mina
sin doctor ni confesión.
¡ Color de sangre minera
tiene el oro del patrón !

Mi hermano vive en los montes
y no conoce una flor.
Sudor, malaria y serpiente
es vida del leñador.
...Y que naide le pregunte
si sabe dónde está Dios:
¡por su casa no ha pasado
tan importante señor !

Yo canto por los caminos
y cuando estoy en prisión:
siento las voces del pueblo
que canta mejor que yo.
Hay un asunto en la tierra
más importante que Dios,
/y es que naide escupa sangre
pa' que otros vivan mejor.

Que Dios vela por los pobres
tal vez sí o tal vez no.
Pero es seguro que almuerza
en la mesa del patrón.
*
ATAHUALPA YUPANQUI
cantautor argentino
....

LA RELIGIÓN
QUE MÁS ME GUSTA
ES LA DE LA IGLESIA QUE
QUEDA MÁS CERCA
DE MI CASA.

Jimmy Hart caricaturista USA

BENITO
JUÁREZ
Aunque se consideraba
Católico, combatió con leyes y
acciones fiscales a la riquísima
Iglesia, recordándoles que el
Señor Jesús era pobre. Que no
la chingaran.
(Aprenda, mister Fox.)

—Yo, ante todo, cristiano.

CAMINO DE TARSO... A DAMASCO

SAULO DE TARSO...
ERA UN HOMBRE
DE ENERGÍA
Y VIGOR
BIEN CONOCIDOS,
ESPECIALMENTE
ENTRE LA COMUNIDAD
CRISTIANA.

¡MUERAN LOS CABRONES CRISTIANOS COMUNISTAS!

CUANDO UN DÍA, EN EL CAMINO

A DAMASCO
1 KM

¡ZAP!

¡FLASH!

LA LUJURIA SE APODERÓ DE SAULO; PERO, ¡AY!

POR ASESINO DE CRISTIANOS Y, ENCIMA, AMANTE ASQUEROSO, SAULO.

SAULO SE RECUPERÓ. Y DURANTE SU LARGA CONVALECENCIA...

" EL CUERPO ES EL OBSTÁCULO QUE CON SU SOLA PRESENCIA IMPIDE AL ALMA ALCANZAR...

... LEYÓ LOS CLÁSICOS.

... LA VERDAD Y LA CLARIDAD DE PENSAMIENTO."

Platón

¡SE LE OCURRIÓ DE REPENTE!

¡LA QUE POR LA ESPADA VIVE, POR LA PALABRA MORIRÁ!

LAS MUJERES SON LA ESCORIA.

SAULO SE CONVIRTIÓ EN PABLO. SE INFILTRÓ EN LA CRISTIANDAD Y LA PERVIRTIÓ.

! ? !

LA CARNE LUCHA CONTRA EL ESPÍRITU... Y EL ESPÍRITU CONTRA LA CARNE... COSAS AMBAS CONTRARIAS ENTRE SÍ...

ESOS IDIOTAS NO LO RECORDARÁN...

Y ASÍ, CON LA VENGANZA LLEVÓ SU MENSAJE AL MUNDO...

ROMANOS

FILIPENSES

EFESIOS

CORINTIOS

JOROBANDO A GENERACIONES DE HOMBRES Y MUJERES POR LOS SIGLOS DE LOS SIGLOS...

AMÉN.

Christine Roche / del libro Historia Ilustrada de la Sexualidad Femenina / Grijalbo

Rasca al cristiano y encontrarás a un pagano echado a perder.

*

Los judíos son gente asustada. Diecinueve siglos de amor cristiano han destrozado sus nervios.

*

Empecemos una nueva religión con un solo mandamiento: DISFRUTARÁS.

*

ISRAEL ZANGWILL

FRANK ZAPPA
Hay una gran diferencia entre arrodillarse o inclinarse.

*

Si dicen que somos como Dios, será que, si yo soy sordo, Dios lo es. Si soy malo, ¿Dios también?

EMILE ZOLA
No llegará la civilización a la perfección hasta que la última piedra de la última iglesia caiga sobre el último cura

(y ésta es, curiosamente, la última).

...los cielos y la tierra fueron creados simultáneamente en un solo instante y todo ello ocurrió junto con la Creación del hombre por la Trinidad, el 23 de octubre del año 4004 (a.C.) a las 9 de la mañana. **OBISPO JOHN LIGHTFOOT VICECANCILLER DE CAMBRIDGE (siglo XVIII)**

Zapata / Venezuela

180

- PROTECCIONISMO? -

HUERTA Y EL ARZOBISPO

J.C.Orozco /Mexico

ADELANTE LA LIBERTAD NOS ESCUDA!

"¿Cómo pueden matar a otros cristianos al grito de ¡Viva Cristo Rey ! ?
Son (los cristeros) puros fanáticos cobardes azuzados por curas más cobardes, interesados en no perder sus privilegios..."

*

Lic. JOSÉ GUADALUPE ZUNO
(1891-1980) escritor, pintor y político,
fundador de la Universidad de Guadalajara
y Gobernador de Jalisco durante la llamada Rebelión Cristera.

|81|

Esta obra se terminó de imprimir
en mayo de 2002, en
Cía. Gráfica La Aldea, S.A. de C.V.
San Pedro N° 5, Nave 2
Col. Guadalupe del Moral
México, D.F